ARNO HERZIG

Unterschichtenprotest in Deutschland 1790–1870

V&R

VANDENHOECK & RUPRECHT
IN GÖTTINGEN

Arno Herzig

Geboren 1937. Studium der Geschichte, Germanistik, Volkskunde und Geographie in Würzburg, Münster und Bochum; 1963 Staatsexamen, 1964–1975 im Schuldienst, 1966 Promotion in Würzburg, 1973 Habilitation an der Pädagogischen Hochschule Ruhr; 1977–1979 apl. Professor an der Gesamthochschule Essen, seit 1979 Professor für Neuere Geschichte, Schwerpunkt: Frühe Neuzeit, an der Universität Hamburg.

Buchveröffentlichungen: Die Deutschordenskommende Würzburg (1966); Judentum und Emanzipation in Westfalen (1973); Der Allgemeine Deutsche Arbeiter-Verein in der deutschen Sozialdemokratie. Dargestellt an der Biographie des Funktionärs Carl Wilhelm Tölcke (1817–1893) (1979); Der Breslauer Gesellenaufstand von 1793. Die Aufzeichnungen des Schneidermeisters Johann Gottlieb Klose. Darstellung und Dokumentation (mit Rainer Sachs, 1987); Herausgeber: Arbeiter in Hamburg. Unterschichten, Arbeiter und Arbeiterbewegung seit dem ausgehenden 18. Jahrhundert (mit Dieter Langewiesche und Arnold Sywottek, 1983).

CIP-Titelaufnahme der Deutschen Bibliothek

Herzig, Arno:
Unterschichtenprotest in Deutschland
1790–1870 / Arno Herzig. – Göttingen :
Vandenhoeck u. Ruprecht, 1988
(Kleine Vandenhoeck-Reihe ; 1534)
ISBN 3-525-33543-1
NE: GT

Kleine Vandenhoeck-Reihe 1534

Umschlag der Reihe: Hans-Dieter Ullrich
Gesetzt aus der 9/11 Punkt Times auf der V-I-P
Gesamtherstellung: Verlagsdruckerei E. Rieder, Schrobenhausen

Inhalt

Inhalt

Einleitung

Die Unterschichten

In den vergangenen fünfzehn Jahren hat die Forschung zum sozialen Protest in Deutschland wichtige Erkenntnisse zur politischen Kultur des Vormärz erarbeitet. Als sozialer Protest werden in dieser Forschung alle Aktionen bezeichnet, die aufgrund sozialstruktureller Ursachen von wenigstens zehn Beteiligten kollektiv unternommen werden und gegen geltendes Recht verstoßen. Zweitrangig ist dabei, welche Schicht den Protest trägt und welche Ziele ein Protest verfolgt.[1] Das Thema dieser Studie dagegen sind Aktionen, deren Träger primär die Unterschichten waren und in denen es um Belange und Interessen der Unterschichten ging.

Zu den Unterschichten werden hier alle Gruppen gezählt, deren Subsistenzsicherung längere Zeit oder ständig gefährdet war, die »nahe der Armutslinie oder darunter« lebten.[2] Es ist freilich schwierig, diese Linie wissenschaftlich eindeutig festzulegen.[3] Einen Anhaltspunkt bieten für das ausgehende 18. und das beginnende 19. Jahrhundert die Angaben, die in den einzelnen Städten von den Armenanstalten über das Existenzminimum gemacht worden sind. So errechneten zum Beispiel die Hamburger Armenpfleger 1788, wie hoch »das wahre Bedürfnis der Armen« sei, d. h. wieviel ein Alleinstehender für Miete, Feuerung, Nahrung und Kleidung unbedingt benötigt. Sie kamen auf eine Summe von 119 Mark, 14 Schillinge und 4 Pfennige.[4] Da hiervon 50 %–60 %, also fast zwei Drittel, allein für Lebensmittel ausgegeben werden mußten, gerieten in den wiederkehrenden Teuerungszeiten Tagelöhner, Dienstboten, Manufakturarbeiter, aber auch die kleinen Handwerker und Gewerbetreibenden, deren Einkommen mit dem Preisanstieg für Lebensmittel nicht mitkam, unter die Armutsgrenze. Solche Teuerungsperioden gab es zwischen 1790 und 1806 und dann noch einmal in den Hungerjahren 1815/16. In Hamburg z. B. stieg der Preis für 1 Spint (= 6,87 kg) Brot zwischen 1792 und 1800 von 9,5 Schilling auf 18 Schilling, der Preis für 1 Spint Kartoffeln von 3 Schilling auf 16 Schilling. In den großen Städten reichte im ausgehenden 18. Jahrhundert bei ca. 15 % bis 25 % der Einwohner der Ertrag ihrer Arbeit nicht mehr für den Lebensunterhalt.[5] Für Halle an der Saale stellt 1805 am Ende einer langen Teuerungsphase ein amtlicher Bericht fest, daß »die Hälfte der Einwohner ... sich in drückender Armut« befinde.[6]

Die Situation der Unterschichten auf dem Lande war nicht besser. Ein Angehöriger der bäuerlichen Unterschicht, der im ausgehenden 18. Jahrhundert noch ein Stück Land besaß, konnte davon nur leben, wenn er ein Einkommen im Wert von mindestens 18 Doppelzentnern Getreide erwirtschaftete. Lag es darunter – gleichgültig, ob infolge von Feudalabgaben oder infolge der neu aufkommenden Forderungen des Agrarkapitalismus –, war er auf Nebenerwerb als Landarbeiter, Heimgewerbetreibender oder Dorfhandwerker angewiesen. Diese Verdienstmöglichkeiten waren jedoch knapp.[7] Für die erste Hälfte des 19. Jahrhunderts war nach Angaben der preußischen Statistik je nach Bodenqualität eine Mindestgröße des bäuerlichen Besitzes zwischen 5 und 30 Morgen notwendig, um »bei tätiger Mitwirkung des Eigentümers oder Pächters einer Familie mit mäßigen Ansprüchen Unterhalt zu gewähren«. In den fünf östlichen Provinzen machten die Hofgrößen unter 5 Morgen mehr als 35 % aller landwirtschaftlichen Betriebe aus.[8]

Nach den Agrarreformen, die in den meisten deutschen Staaten zwischen 1770 und 1850 durchgeführt wurden, wanderten die bäuerlichen Unterschichten nicht in die Städte ab, sondern lebten in der Mehrzahl bis 1850 weiterhin auf dem Land und mußten hier ihren Lebensunterhalt verdienen.[9] Eine eindeutige Definition von »bäuerlicher Unterschicht« bleibt auch für das neunzehnte Jahrhundert für die Teile Deutschlands schwierig, in denen die Ablösungsverfahren noch nicht endgültig abgeschlossen waren, z. B. in Schlesien. Der Bauer, der seinen Hof zunächst über die sog. Bauernbefreiung hinweg gerettet hatte, konnte ihn im nächsten Jahrzehnt immer noch verlieren, wenn er das Geld für die Ablösung oder für Zinsen nicht aufbringen konnte.

Was für die Zeitgenossen im ausgehenden 18. Jahrhundert das Phänomen Armut so beunruhigend machte, war die ständig wachsende Zahl der Armen. Für Hamburg bemerkt z. B. Georg Büsch, ein sozial engagierter Wirtschaftswissenschaftler, 1792: »Von dieser Zeit an [2. Hälfte 18. Jahrhundert] war die Armuth unter dem geringen Mann in einer fortdauernden Zunahme«.[10] Ein Jahr später, 1793, stellt der Publizist August Ludwig Schlözer nicht ohne Bestürzung fest, daß

»der Pöbel immer doch den bei weitem größeren Teil einer Nation« ausmache.[11] Der Pöbel, das waren die Armen, und so, ohne seine abwertende Bedeutung, wird das Wort auch hier gebraucht.

Trotz der Reformen zu Beginn des 19. Jahrhunderts nahm die Zahl der Armen, der Pauperisierten, wie es zeitgenössisch hieß, weiter zu. Fünfzig Jahre nach Schlözer konstatiert der liberale Politiker Gustav Mevissen, daß »die Zahl der Proletarier in allen Staaten der Gegenwart in einer höchst beunruhigenden Progression steigt«.[12] Das Gros dieser »Proletarier« lebte auf dem Land. Das machen z. B. Wahllisten deutlich. So durften 1825 bei der Wahl zum1. Provinzial-Landtag in Westfalen 80 % der Bevölkerung (= 928 000 Einwohner) wegen ihrer Armut nicht wählen. Von ihnen lebten ca. 20 % (= 185 600) in den Städten, ca. 80 % (= 742 000) auf dem Land.[13]

Daß es immer mehr Arme gab, hing mit dem Bevölkerungswachstum in Deutschland seit 1750 zusammen. Es wurde von den merkantilistischen Wirtschafts- und Sozialtheoretikern der Zeit zunächst positiv beurteilt. Zunahme der Bevölkerung bedeutete Vergrößerung des Arbeitskräftepotentials, das ermöglichte eine Steigerung der Produktion, dadurch vermehrten sich die Einkünfte des Staates.[14] Bald zeigte sich jedoch, daß die Produktion nicht so anstieg wie das Arbeitskräftepotential und daß viele keine Arbeit fanden. Zunehmend reichte auch der Verdienst der Manufakturarbeiter und der Heimgewerbetreibenden nicht mehr für das Existenzminimum. Von den zeitgenössischen Wirtschaftstheoretikern wurden niedrige Löhne für Manufakturarbeiter anfangs als soziale Disziplinierung gutgeheißen, weil sie ihrer Meinung nach zu kontinuierlicher Arbeit zwangen.[15] Doch schon in den 1790er Jahren mußte der preußische Minister Wöllner das krasse Mißverhältnis zwischen Lohn und Lebensmittelkosten zugeben und feststellen, daß »mithin ... die Wollarbeiter immer arm und immer in sehr dürftigen Umständen [bleiben]«.[16] Für den Pädagogen F. A. W. Diesterweg, der die sozialen Verhältnisse seiner Zeit äußerst exakt analysierte, machte dieses Mißverhältnis vierzig Jahre später geradezu das Wesen des »Proletariers« aus. So würden, stellte er 1837 fest, »alle diejenigen genannt, die nicht nur kein Vermögen, weder Kapital noch Grund und Boden besitzen, sondern zugleich auch in Betreff des Erwerbs ihres zum Leben nötigen Unterhaltes von unsicheren, außer ihrer Macht liegenden Verhältnissen ... abhängig sind, deren Existenz folglich nicht nur durch ihre Gesundheit bedingt, sondern eigentlich fortwährend in Frage gestellt ist«.[17]

Aus der Armut, die es seit eh und je gegeben hatte, war der Pauperismus geworden, im Brockhaus 1846 wie folgt definiert: »Der Pauperismus ist da vorhanden, wo eine zahlreiche Volksklasse sich durch die angestrengteste Arbeit höchstens das notdürftigste Auskommen verdienen kann, auch dessen nicht sicher ist, in der Regel schon von der Geburt an und auf Lebenszeit solcher Lage geopfert ist, keine Aussichten der Änderung hat, darüber immer tiefer in Stumpfsinn und Roheit versinkt, den Seuchen, der Branntweinpest und viehischen Lastern aller Art, den Armen-, Arbeits- und Zuchthäusern fortwährend eine immer steigende Zahl von Rekruten liefert und dabei immer noch sich in reißender Schnelligkeit ergänzt und vermehrt.«[18]

Die Reformen und ihre Folgen

Aus der Krise, die seit der zweiten Hälfte des 18. Jahrhunderts immer offenkundiger wurde, sollte die Reform der Agrarwirtschaft und der Gewerbe herausführen. Auf dem Land wurde der gemeinschaftliche Besitz (Allmenden, Marken, gemeinschaftlich genutzte Waldflächen) aufgehoben und dem individuellen Besitz derjenigen zugeschlagen, die vorher schon Land besessen hatten.[19] In den Städten wurden die Zünfte aufgelöst und andere Reformmaßnahmen mit dem Ziel getroffen, daß sich das Marktgeschehen nach dem Gesetz von Angebot und Nachfrage regelt.[20] Während der Staat des Ancien régime sich, wenn auch unvollkommen, im Sinne einer »guten Policey« für die Unterschichten sozial verantwortlich gefühlt und z. B. bestimmte Preise festgesetzt hatte, überließ er nun im Sinne liberaler Marktwirtschaft die sozialen Probleme weitgehend dem freien Spiel der Kräfte.[21] Auf dem Lande trafen die Reformen besonders die Insten, Selden, Einlieger, Kötter, Gärtner, Häusler. Vorher hatten sie teil am Gemeinbesitz, gingen bei dessen Aufteilung aber leer aus, wenn ihnen nicht wenigstens ein kleines Stück Land gehörte. Für Holstein, wo die Reform schon in den 1770er Jahren begonnen hatte, charakterisiert ein bürgerlicher Gutsbesitzer die neue Situation recht anschaulich:

»Daß die angezeigten Vortheile, welche die Insten von der gemeinen Weide gehabt haben, nicht unbeträchtlich für sie gewesen sind, wird, wie ich glaube, jedem in die Augen fallen. Hielten sie ein oder zwei Kühe, so konnten sie solche, so zu sagen, für nichts, den ganzen

Sommer über auf der Weide gehen lassen. Sie hatten vielleicht für sich und die Ihrigen die benöthigte Milch; sie waren vielleicht dann und wann oder wenn die Noth am höchsten gestiegen war, im Stande, etwas von dieser Milch, oder gar etwas Butter zu verkaufen; – sie konnten von der Wolle der Schafe sich und die Ihrigen beinahe bekleiden; – sie erhielten durch Haltung der Gänse und eines Schweins, Lebensunterhalt, und konten sie derselben entbehren und sie verkaufen, so wurden sie doch dadurch in den Stand gesezt, sich von dem dafür gelössten Gelde, andere Bedürfnisse zu kaufen, oder gemachte Schulden, oder die Hausmiethe zu bezahlen; – sie hatten die nöthige Streuung für ihr Vieh ohne Entgeld, anstatt sie solche hinführo kaufen müssten; sie konten auch aus der von ihnen gemähten und an andere verkauften Heide noch etwas Geld lösen; – und selbst die benöthigte Feurung kostete die Insten nichts.

Wichtig war also den Insten die Nuzung der gemeinen Weide, und die Vertheilung derselben hat ihr ohnehin trauriges Schiksal noch wohl um ein merkliches verschlimmert.«[22]

Ähnliches stellt 1832 der Ökonomiekommissar Haese für die preußische Provinz Pommern fest und fordert, »daß man den Zustand der sogenannten kleinen Leute auf dem platten Lande, namentlich der Instleute und Häusler ohne Land, welcher sich durch die neuere agrarische Gesetzgebung gebildet hat, und noch mehr greller künftig hervortreten wird, mehr berücksichtigen möge. Diese Leute haben nun nicht mehr die Gelegenheit, kleines Vieh, als Gänse und allenfalls Schafe, Schweine noch weniger eine Kuhe zu halten«.[23]

Zur Situation im Fürstentum Osnabrück bemerkt 1847 der Pastor G. L. W. Funke: »Solange noch eine freie Benutzung der Marken stattfand, nahmen die Heuerleute an allen Vorteilen, welche dieselben gewährten, teil. Es fand hier gewissermaßen eine Bodenbenutzung nach kommunistischen Prinzipien ohne Eigentum statt; denn die Mark war Eigentum nicht der einzelnen, sondern der gesamten in derselben berechtigten Genossenschaft, wozu in der Regel die von ihr begrenzten Bauerschaften gehörten. Daher fand keine Beschränkung der Benutzung statt und lebten eben deshalb viele Heuerleute fast ganz aus der Mark«.[24]

Alle drei Autoren waren nicht gegen die Marken- bzw. Allmendenaufteilung, aber sie sahen klar die Folgen für die ländlichen Unterschichten und lehnten die einseitige Aufteilung als »Unrecht« ab, weil sie nur die Besitzenden berücksichtigte.[25]

In den Städten traf vor allem die neue kapitalistische Marktordnung die Unterschichten. Sie erlaubte es den Kaufleuten, in Teuerungszeiten große Gewinne zu machen.

Durch die Liberalisierung von Wirtschaft und Handel befreite sich der Staat von Pflichten, die er im Ancien régime erfüllt hatte.[26] Das gilt auch für seine Rolle als »gute Policey«. Die Gewerbe ließ er weitgehend machen, was sie wollten, um die sozialen Mißstände infolge der Liberalisierung kümmerte er sich kaum.[27] Der Rückzug des Staates aus dem Marktgeschehen ging allerdings langsam vor sich. In der Hungersnot 1770/71 boten Staat und Kommunen alles auf, um die Bevölkerung mit Getreide zu versorgen. Die Städte griffen dabei sogar auf das mittelalterliche Stapelrecht zurück.[28] In den Teuerungskrisen von 1794/95 und von 1800 bis 1806 waren dann zumindest die norddeutschen Staaten schon versucht, zum Nachteil der eigenen Bevölkerung am Export zu verdienen. Unter dem Druck der Bevölkerung mußten sie jedoch vielfach eine Ausfuhrsperre verhängen, so zum Beispiel im Frühjahr 1795 in Schleswig-Holstein.[29] In der Hungersnot von 1816/17 besannen sich die Staaten noch einmal auf ihre frühere Pflicht. Preußen kaufte für seine Westprovinzen sofort nach der Mißernte in Riga preisgünstig Ostsee-Roggen ein, Württemberg ließ sogar alle privaten Vorräte »visitieren«, d. h. genau feststellen, und trug durch Androhung von Zwangsverkäufen erheblich zur Normalisierung der Preise bei.[30] In der Folgezeit versuchten die deutschen Staaten zwischen dem von ihnen selbst eingeführten Prinzip freier Marktwirtschaft und den sozialen Ansprüchen der Massen, von denen immer wieder Unruhen drohten, zu lavieren. Als 1830 der Herzog von Braunschweig keine Anstalten machte, die Folgen der Mißernte zu lindern, stürmten die Braunschweiger Armen sein Schloß.[31] Das ist übrigens der einzige Fall, in dem sich in Deutschland eine Protestaktion von Unterschichten gegen einen Monarchen richtete. In der großen Hungersnot von 1847 war von staatlichen Hilfsmaßnahmen in Deutschland dann kaum mehr etwas zu spüren.

Dort, wo es in den zahlreichen Hungerkrisen zwischen 1770 und 1847 zu Aufständen kam, begegnet ein Empfinden der Unterschichten, daß die alte Ordnung und Sicherheit bedroht seien. Insofern bestand eine Korrelation zwischen Modernisierungsprozeß und Protest. Das Gefühl der Bedrohung spielte für die Aktionsbereitschaft der Unterschichten eine viel größere Rolle als der »Verlust sozialer Kontrolle«, der vielfach als Voraussetzung angeführt wird.[32]

Politische und soziale Leitvorstellungen der Unterschichten

Die Unterschichten in Deutschland entwickelten und vertraten ihre Leitvorstellungen unabhängig vom Denken der Aufklärung und des radikalen Bürgertums der Revolutionszeit. Sie gingen aus von einer gesicherten Subsistenz im Rahmen der überkommenen Versorgungsmaßnahmen, der sog. »Konservation«, verlangten vom Staat als »guter Policey« einen »angemessenen Preis« für ihre Subsistenzgüter und sahen im Monarchen die unbedingte Sozial- und Rechtsinstanz. Der Wohlfahrtsgedanke und das Wohlfahrtshandeln des absolutistischen Staates hatte, trotz der Belastungen durch das Feudalsystem, diesen Vorstellungen in etwa entsprochen. Der bürgerliche Staat negierte sie und versuchte, bürgerliche Rechtsvorstellungen von Eigentum und Eigentumserwerb als allein gültige Rechtsnormen durchzusetzen. Die Unterschichten hatten jedoch ihre eigene Moral. Für sie war es unrechtmäßig, sich in Notzeiten an den Gesetzen des kapitalistischen Markts zu orientieren und sich zu bereichern. Der kapitalistischen Ökonomie setzten sie ihre »moral economy« entgegen. Dieser Begriff ist von E. P. Thompson in die Diskussion eingeführt worden. Am Beispiel des Englands der 1770er Jahre hat er gezeigt, daß die neue Ökonomie des Laissez-faire eine »Entmoralisierung« des Handels zur Folge hatte. Damit ist gemeint, daß die neue politische Ökonomie von störenden Auflagen wie Preisfestsetzungen und Ausfuhrverboten zugunsten der hungernden Unterschichten befreit wurde.[33] Davon wollten weder die englischen noch die deutschen Unterschichten etwas wissen.

Als die deutschen Getreidehändler in den 1790er Jahren mit Korn auf dem englischen Markt mehr verdienen konnten als auf dem Kontinent, traten sie für eine »uneingeschränkte Kornausfuhr« ein, die – ihrer Auffassung nach – »für das Wohl des Ganzen wesentlich nothwendig ist«.[34] Die Unterschichten vermochten jedoch einen Nutzen für das Gemeinwohl nicht zu erkennen, wenn die Kaufleute mit ihren Exportgeschäften große Gewinne machten und sie deshalb Getreide zu überhöhten Preisen kaufen mußten. Dagegen protestierten sie. Einsichtige Verwaltungsbeamte wie 1800 der Rostocker Amtmann Eggers traten denn auch dafür ein, daß die »vorsorgende Policey« sich darum kümmern müsse, »daß wenigstens der geringe Mann diese Erhaltungsmittel zu einem, seinem Erwerbe angemessenem, Preise überkomme«.[35]

Sozialer Protest – Unterschichtenprotest

Bei den Protesten zwischen 1790 und 1848/49 haben wir es in Deutschland mit recht unterschiedlichen Protestformen und Protestträgern zu tun. Nur ein Teil dieser Proteste waren Unterschichtenproteste, deren entscheidendes Merkmal der Kampf um die Subsistenzsicherung ist. Zum Beispiel »rottierten«, wie es zeitgenössisch hieß, in den 1790er Jahren in den süd- und westdeutschen Reichs-, aber auch in den Territorialstädten die Zunftmeister mit dem Ziel, aufgeklärte Wirtschaftsreformen rückgängig zu machen, oder, so in Nördlingen, um das Handelskapital vom Markt zu verdrängen.[36] Unabhängig von den Zunftmeistern, häufig auch gegen sie, kämpften die Zunftgesellen für den Erhalt ihrer Organisation.[37] Dabei kam es meistens zu bewußter Abgrenzung der Gesellen gegen die Unterschichten, die mit anderer Zielsetzung an dem Protest teilzunehmen versuchten, so 1791 in Hamburg, 1793 in Breslau, 1800 in Osnabrück. Es konnte allerdings auch vorkommen, daß Handwerker, Meister wie Gesellen, die in Not geraten waren, weil Zünfte und Gesellenschaften ihnen keine soziale Sicherung mehr boten, an Subsistenzprotesten teilnahmen. Zur Protestlandschaft der 1790er Jahre gehörten ferner die Aufstände der reichen Bauern im Hildesheimischen und in der Grafschaft Schaumburg-Lippe. Sie wollten durch ihre Aktionen eine gewisse politische Mitsprache erreichen oder wenigstens das Recht erhalten, über ihre Steuergelder mitbestimmen zu können. Mit Subsistenzprotesten haben diese Auseinandersetzungen nichts zu tun.[38]

Auch im 19. Jahrhundert bleibt die Protestlandschaft in Deutschland vielschichtig. H. Volkmann nimmt an, daß bei mehr als einem Drittel der Protestfälle das Bürgertum beteiligt war. Besonders protestanfällig waren die von wirtschaftlichem Strukturwandel bedrohten Berufe.[39] Primär aber war für das Bürgertum im Vormärz der Sozialprotest ein wichtiges politisches Mittel, um steckengebliebene Reformen voranzubringen. Der Pöbel, der an diesen Aktionen des sozialen Protests teilnahm, kämpfte dabei selten für seine Interessen, oder er tat das nur am Rande, etwa wenn in Hamburg die Unterschichten der Vorstadt St. Georg gegen die schon längst überholte Torsperre zur Innenstadt angingen und Angehörige der Wiener Unterschichten gegen die Verzehrsteuer am Linienwall.[40]

Das Bürgertum zögerte nicht, Protestaktionen von Unterschichten für seine Zwecke und Ziele zu nutzen. Anläßlich des sogenannten

Nürnberger Eierkuchenkriegs von 1795, einem Hungerprotest, versuchte die von politischer Herrschaft ausgeschlossene Kaufmannschaft, den patrizischen Rat unter Druck zu setzen, um Beteiligung an der Herrschaft zu erreichen.[41] Auch fünfzig Jahre später war das Bürgertum nicht abgeneigt, die Unruhen der Teuerungskrise von 1847 als Druckmittel gegen instabile Regierungen zu nutzen. Deutlich hat das nach den Stuttgarter Hungerunruhen von 1847 der Württemberger Liberale Julius Hölder ausgesprochen: »Ich benutze«, schrieb er an einen Freund, »die Unruhen so gut es geht, um in dem Gespräche der Regierung möglichst viel in die Schuhe zu schieben«. Aber er zeigt auch deutlich die Grenze des Zusammengehens auf: »Wenn es sich um Schutz von Eigentum handelt, muß man freilich am Ende feuern ... Der Proletarier holt dem Mittelstand die Kastanien aus dem Feuer; wenn aber dieser gesiegt hat, werden wir vielleicht politische Feinde«.[42]

Die Unkalkulierbarkeit des »Pöbelprotests« enthielt für das Bürgertum ein hohes Risiko. Die aktionistischen Protestformen, die bis zur Sachzerstörung und zu »Eigentumsdelikten« gehen konnten, machten dem Bürgertum den Unterschichtenprotest suspekt.[43] Schon Kant hatte aufgrund der Unterschichtenproteste der 1790er Jahre eine scharfe Grenze zwischen Bürgertum und Pöbel gezogen, indem er die Aktionen des Pöbels als »gesetzwidrig« (im bürgerlichen Sinne) verwarf. »Das bürgerliche Ganze« stehe dem »Pöbel« gegenüber, so sein Fazit. Damit war die Identität des Pöbels festgeschrieben, denn dieser, so Kant, konstituierte sich durch das »Rottieren«, das »agere per turbas«.[44] Kant berücksichtigte dabei nicht, daß gerade in den 1790er Jahren auch bürgerliche Gruppen wie das Zunftbürgertum in den süddeutschen Reichsstädten durch »Rottieren« politisch aktiv geworden waren, um sich gegen die aufgeklärten und liberalen Modernisierungsmaßnahmen zu wehren. Der Pöbel, von Kant als »die wilde Menge« im Volk begriffen, wurde von den bürgerlichen Zeitgenossen bald verächtlich, bald bemitleidend, insgesamt aber als bedrohlich betrachtet.[45] Besitz- und Bildungsbürgertum legten ihm alle Unruhen zur Last und der Begriff »Pöbel« wurde mit allen Ereignissen zusammengebracht, die dem bürgerlichen Selbstverständnis widersprachen.[46]

Auch wenn Kant und andere Vertreter des Bildungs- und Besitzbürgertums den Gegensatz zwischen Bürgertum und Pöbel betonen, diesem somit eine soziale Identität bestätigen, haben wir es beim Pöbel der 1790er Jahre und auch noch im Vormärz nur sehr bedingt mit einer Klasse, bei seinen Aktionen nur sehr bedingt mit Klassenkampf zu tun. Auf der einen Seite hatte sich in Deutschland das Besitz- und Bildungsbürgertum noch kaum als Klasse konstituiert, auf der anderen Seite kann auf die »rottierenden« Unterschichten der Klassenbegriff nur in der sehr weiten Definition von E. P. Thompson angewendet werden, der ihn in seinem Buch »The Making of the English Working Class« 1965 wie folgt definiert: »Ich sehe Klasse nicht als eine ›Struktur‹ oder gar einen ›Begriff‹, sondern als etwas, das in menschlichen Beziehungen tatsächlich geschieht ... Und Klasse geschieht, wenn einige Menschen infolge gemeinsamer (überlieferter oder geteilter) Erfahrungen die Identität der Interessen zwischen sich selbst wie gegenüber anderen Menschen, deren Interessen von ihren eigenen verschieden (und ihnen gewöhnlich entgegengesetzt) sind, fühlen und artikulieren«.[47]

Trotz der gemeinsamen ökonomischen Bedürfnisse verband die »rottierenden« Unterschichten nur sehr kurzfristig eine »Identität der Interessen«, die den Interessen einer anderen Gruppe, in diesem Fall dem Besitzbürgertum und den Vertretern der lokalen oder regionalen Obrigkeit, gegenüberstanden. Zu heterogen waren die einzelnen Gruppen, die die Trägerschicht des Unterschichtenprotests bildeten. Behält man im Auge, daß die Identität dieser Protestierenden immer neu entstehen mußte, daß die Gruppe der Protestierenden aufgrund divergierender Einzelinteressen auseinanderfallen, bei einem neuen Anlaß jedoch wieder zusammenfinden konnte, so kann man diese Klassendefinition durchaus anwenden, läßt sie doch zu, daß es zwischen den einzelnen Gruppen durchaus zu Abgrenzungen kommen konnte. Als Zeugnis eines »Klassenbewußtseins« ist der Unterschichtenprotest also nur in sehr »abgeleitetem Sinne« zu verstehen.[48] Den Übergang von der ständisch strukturierten Gesellschaft zur Klassengesellschaft kennzeichnen mannigfache Verschiebungen und Überlagerungen.

Dieser Übergang, den Marx in die Formel von der »Klasse an sich« zur »Klasse für sich« faßte, war ein äußerst komplexer Prozeß.[49] Die Industrialisierung und die fortschreitende Arbeitsteilung, die mit ihr verbunden war, vereinfachte nicht, sondern verschärfte die soziale Differenzierung der Unterschichten. Zum Beispiel entstand der Unterschied zwischen Fabrikarbeiter und Heimgewerbetreibenden.[50] Das Bewußtsein, zu einer Klasse zu gehören, bildete sich dann durch die Arbeiterbewegung aus. Sie lenkte die überlieferte politische Kultur der Unterschichten in neue Bahnen, ließ die ländlichen Unterschichten jedoch weitgehend unberücksichtigt. Nicht mehr die Vorstellung einer »moral economy«, sondern das Wissen um die Bedeutung des Arbeiters im Produktionsprozeß wurde zur bestimmenden Basis von Aktionen.

Deutlich unterschieden sind um 1800 die sozialen Gruppen auf dem Lande. Das gilt zumindest für die Teile Deutschlands, in denen nach der Agrarreform Allmende und Marken zugunsten der besitzenden bäuerlichen Gruppen aufgeteilt worden waren und sich nun – wie in Schleswig-Holstein oder Westfalen – ein konsolidiertes Besitzbauerntum und landlose Schichten gegenüberstanden. Zu Recht bezeichnet Josef Mooser die Aktionen dieser Landlosen als »Klassenkampf«.[51] Schwieriger ist die Zuordnung in den Regionen, wo die alten feudalen Verpflichtungen noch galten, wo wohlhabende Bauern und arme Häusler gemeinsam gegen Erhöhung der Dienste oder das Recht der Gutsbesitzer kämpften, ihr Vieh auf den Feldern der Bauern weiden zu lassen, wie das 1790 in dem Aufstand in Sachsen der Fall war. Unter den nach diesem Aufstand Arretierten waren sowohl reiche Bauern als auch arme Häusler.[52] Der sich lange hinziehende Prozeß der Landaufteilung kompliziert die soziale Zuordnung nicht unerheblich.

Trotz der sehr vielschichtigen »Konfliktkultur« (R. Braun) Deutschlands im ausgehenden Ancien régime sind bestimmte Protestformen jedoch eindeutig als Unterschichtenprotest zu erkennen.[53] Dazu zählen in erster Linie die Hungerproteste in Rathäusern und auf Märkten, wenn Kornmagazine, Fernstraßen und auch Wasserwege blockiert wurden. Unterschichtenproteste waren ferner der »Holzfrevel« in den früher gemeinschaftlich genutzten Wäldern, der Kampf kleinbäuerlicher Gruppen gegen Feudalabgaben oder ständig steigende Steuern, die die Einkünfte für den Lebensunterhalt aufzehrten, schließlich alle Verweigerungsaktionen der Unterschichten gegen Eingriffe der Obrigkeit in die Alltagskultur und überlieferte Normen.

Im 19. Jahrhundert erweitert sich das Protestfeld der Unterschichten. In den frühen Industriestädten wird der Fabriken- oder Maschinenprotest, den es auch schon im 18. Jahrhundert und früher gegeben hat, zu einer der wichtigsten Aktionsformen. Mit diesen Protesten setzten sich die Unterschichten gegen die Modernisierung im industriellen Sektor zur Wehr, kämpften auf ihre Weise aber auch gegen den sehr schnell erworbenen Reichtum der Industriebourgeoisie, die ihn demonstrativ zur Schau stellte, während Heimgewerbetreibende oder freigesetzte Fabrikarbeiter nicht mehr genug zum Leben hatten. Eine besondere Protestform bildete sich in den 1830er/1840er Jahren beim Eisenbahnbau heraus. Die Bauarbeiter, die zumeist aus dem ländlichen Raum stammten, wurden von sog. Schachtmeistern angeworben, die häufig versuchten, den Arbeitern den Lohn vorzuenthalten. Das führte an fast allen Bahnlinien zu spektakulären Protesten.[54]

Protest- und Widerstandsaktionen waren nicht der Normalfall, sondern die Ausnahme, aber sie erhellen blitzartig Mentalität, Moral und Aktionsmuster einer Schicht, die sich schriftlich kaum artikulieren konnte. Darin liegt der Sinn der Erforschung dieser Proteste. Es ist der Ausnahmefall, der die politische Kultur der Unterschichten erschließt. Er läßt Rückschlüsse zu auf den Normalzustand, auf die plebejische Kultur und Öffentlichkeit, damit zusammenhängend auf die Kommunikations- und Organisationsstruktur dieser Schichten. Die wenigen literarischen Quellen der Unterschichten, die Aufruhrzettel, Aufstandslieder, die Wortprotokolle der Gerichte vervollständigen das Bild einer plebejischen Öffentlichkeit, die im übrigen jedoch und im Gegensatz zum Frankreich der Revolutionszeit in Deutschland fast ausschließlich im Protest deutlich wird.[55]

Der Protest war auch insofern die Ausnahme, als historisch ähnliche Situationen keineswegs immer zu entsprechenden Aktionen führten. Die sogenannten Manifestationsbedingungen konnten in Hungerszeiten mehr oder weniger dieselben sein, die Reaktionen der Unterschichten waren es nicht.[56] Warum protestierten die Heuerinsten in Holstein mit Gewaltaktionen gegen den Kirchspielvogt, als ihnen durch Wegnahme der Allmendeweide ihre Einkünfte weitgehend genommen worden waren? Warum wirkte dagegen eine ähnliche Situation im Fürstentum Osnabrück »lähmend auf die ganze Tätigkeit« der Heuerinsten, wie ein Zeitgenosse bemerkt?[57] Warum reagierten die schlesischen Weber auf ihre Not mit Fabrikprotesten, warum nicht auch die Ravensberger Weber, denen es ähnlich schlecht ging? Dem historischen Einzelfall liegen immer zahlreiche Faktoren zugrunde, die auch mit denen eines ähnlichen Einzelfalls nicht deckungsgleich sind.

Die Protestaktionen der Unterschichten begegnen in Deutschland im Gegensatz zu Frankreich und England massiv erst in den 1790er Jahren. Während der Hungersnot von 1770/71 kam es, von wenigen Ausnahmen abgesehen, kaum zu Protesten.[58] Die Protestphase der

1790er Jahre dauerte bis 1806. Für die dann folgende napoleonische Zeit von 1806 bis 1815 ist es schwer, Angaben zu machen. Zum einen, weil für diese Zeit noch kaum Untersuchungen zum Protestgeschehen vorliegen, zum anderen, weil sich die Formen änderten und Protest sich zum Beispiel als Schmuggel oder als Flucht vor dem Kriegsdienst äußern konnte.[59]

Die Restaurationsphase (1815–1829) war verhältnismäßig protestarm, trotz der Hungersnot 1816/17.[60] Ab 1830 nahmen die Proteste wieder zu, in diesen Jahren gingen Subsistenzproteste von Unterschichten und politische Protestaktionen des Bürgertums häufig zusammen. Der absolute Höhepunkt des Unterschichtenprotests liegt in den 1840er Jahren, den »Hungervierzigern«.[61] Der Revolution 1848/49 folgte dann wieder eine Phase relativer Ruhe. Sie wird Ende der 1860er Jahre von einer erneuten Zunahme der Proteste abgelöst, bei denen es sich zum Teil bereits um Aktionen der frühen Arbeiterbewegung handelt.

Wie sind die Unterschichtenproteste 1790–1870 historisch zu erklären? In den Sozialwissenschaften sind Hypothesen über die Beziehung zwischen Volksunruhen und Modernisierung aufgestellt worden; sie sind für die Deutung mancher Protestfälle nützlich, bieten aber keine allgemeine Erklärung. Auf der Basis dieser Hypothesen hat Richard Tilly drei »Thesen« formuliert, die sich seiner Meinung nach für die historische Forschung als »besonders brauchbar erwiesen« haben: die »Ausbeutungs-Verelendungsthese«, die »Erwartungsthese«, die »Entwurzelungsthese«.[62] Er erläutert sie so:

»Der ›Ausbeutungs-Verelendungsthese‹ zufolge sind Volksproteste als Reaktion auf die Ausbeutung dank antagonistischer kapitalistischer Marktbeziehungen und der damit verbundenen tatsächlichen Verminderung sowohl des materiellen Lebensstandards als auch der Aufstiegschancen bei den Volksmassen zu verstehen. Sinkende Reallöhne und der relative Rückgang in der Zahl der unabhängigen Produzenten sind zwei mögliche Indikatoren für Ausbeutung und Verelendung im Arbeitsprozeß.

Nach der z. T. apologetischen ›Erwartungsthese‹ wird der Protest durch die Spanne zwischen neuen Erwartungen und im Vergleich dazu nur langsamen gesellschaftlichen Entwicklung, von der die Erfüllung der Erwartung abhängt, hervorgerufen. Die Unterbrechung eines Aufwärtstrends des realen Pro-Kopf-Konsums könnte als eine konkrete Manifestation einer ›Erwartungskrise‹ gesehen werden, wenn auch die Meßbarkeit eines solchen Trends Schwierigkeiten bereiten muß.

Die ›Entwurzelungsthese‹ schließlich besagt, daß die Bevölkerungsschichten durch Industrialisierung und Urbanisierung entwurzelt, von traditionellen ländlichen Bindungen gelöst werden. Gemeinsam einer neuen Umgebung ausgesetzt, deren Regeln sie noch nicht beherrschen, greifen diese Bevölkerungsschichten zu kollektiven Gewalttätigkeiten als Antwort auf Anpassungsprobleme jeglicher Art. Hier würde die bloße Geschwindigkeit des Wandels, wie sie sich in Urbanisierungsraten widerspiegelt, einen verwendbaren Maßstab für ›Entwurzelung‹ anbieten.«

Alle drei Thesen (und Richard Tillys Erläuterung) erhellen die Gründe des Unterschichtenprotests in Deutschland zwischen 1790 und 1870 nur wenig. Sie setzen einen Grad an Industrialisierung und Urbanisierung voraus, wie er damals in Deutschland noch nicht bestand. Richard Tilly spricht selbst davon, daß die Thesen »der historischen Realität nicht ganz gerecht werden«. Einen Interpretationsansatz bietet am ehesten noch die »Ausbeutungs-Verelendungsthese«, insofern sie den Protest als Reaktion auf die sich entwickelnden kapitalistischen Marktbeziehungen erklärt. Verminderung der »Aufstiegschancen« dagegen war höchstwahrscheinlich kein Protestmotiv. Den Unterschichten, die sich bei ihren Protestaktionen an der *moral economy* orientierten, ging es um die Sicherung ihrer Existenz, kaum um Aufstieg.

Daß sie eine relativ weit fortgeschrittene Industrialisierung und Urbanisierung voraussetzen, gilt besonders für die beiden anderen Thesen, die »Erwartungsthese« und die »Entwurzelungsthese«. Sie sind kein geeigneter Ansatz für die Interpretation des Unterschichtenprotests, weil beide Prozesse in Deutschland verstärkt erst in den 1860er Jahren einsetzten. Wir können darum weder in enttäuschten Erwartungen noch im Verlust sozialer Kontrolle Gründe für den Unterschichtenprotest in den Jahrzehnten ab 1790 sehen. Bis in die 1860er Jahre orientierten sich die Unterschichten weitgehend noch an traditionellen sozialen Normen und lebten ganz überwiegend auf dem Land und in Klein- oder Mittelstädten, es gab weder eine „Erwartungskrise“ noch eine „Entwurzelung“. Dagegen spricht auch nicht, daß die überlieferten, uns bekannten Protestaktionen hauptsächlich in Städten stattgefunden haben. Denn man muß zweierlei berücksichtigen: daß bis 1850 die meisten deutschen Städte weniger als 20000

Einwohner hatten und daß viele ländliche Proteste, ›Holzfrevel‹ zum Beispiel, außerhalb der Orte kaum bekannt wurden, nicht überliefert und zahlenmäßig nicht erfaßbar sind.[63]

Eine andere Entwicklung als die drei Thesen stellt die Interpretation von Charles Tilly in den Mittelpunkt. Er sieht in den Protesten eine Reaktion auf die Herausbildung des staatlichen Machtmonopols im 19. Jahrhundert.[64] Untersucht man den Unterschichtenprotest dieses Zeitraums in Deutschland genauer, kommt man jedoch eher zu einem entgegengesetzten Ergebnis: nicht weil der Staat allmählich das Machtmonopol erhielt und überall geltend machte, kam es immer wieder zu Protesten, sondern weil er sich im Gegenteil im ökonomischen und im sozialen Bereich mehr oder weniger zurückhielt. Zumindest indirekt förderte er dadurch, was immer wieder Subsistenzproteste auslöste, nämlich die Kommerzialisierung der Nahrungsmittelproduktion und die Bevorzugung des nationalen und internationalen Marktes gegenüber den lokalen Bedürfnissen und Ansprüchen auf Versorgung mit Nahrungsmitteln. Das führte dazu, daß ein immer größerer Teil der Bevölkerung von einem von kommerziellen Prinzipien bestimmten Markt abhängig wurde, und zwar während gleichzeitig die obrigkeitlichen Kontrollen der Verteilung von Nahrungsmitteln im lokalen Bereich abgebaut wurden. Nicht die Ausübung des staatlichen Machtmonopols löste Unterschichtenproteste, speziell die Hungerproteste aus, vielmehr kam es dazu, weil der Staat im Zeichen des Liberalismus den Markt sich selbst, d. h. den ihn beherrschenden Kräften überließ.

Überblickt man die Hungerproteste in Deutschland, dann stellt man sowohl für die 1790er als auch für die 1830er Jahre bestimmte Protestregionen fest. In den 1790er Jahren häuften sich Proteste in den Reichsstädten, diese waren damals sozusagen Schwerpunkte des Protests. Das waren zur selben Zeit und dann wieder in den 1830er und 1840er Jahren auch die Hafenstädte sowie küstennahe Städte. Protestregionen waren ferner in beiden Zeiträumen die proto- bzw. frühindustriellen Gebiete. Auf dem Land waren Protestregionen sowohl die Gegenden, in denen die Agrarreform schon vor 1800 durchgeführt worden war, als später auch die Gebiete, in denen die Ablösungsverfahren nur schleppend durchgeführt wurden.[65]

Schwerpunkte der folgenden Darstellung sind der norddeutsche Raum und Preußen, zum einen weil hier die Protestaktionen besonders zahlreich waren, zum anderen weil mit den Stein-Hardenbergschen Reformen die Modernisierung schon bald nach 1800 einsetzte, also auch die überlieferte Moral der Unterschichten relativ früh bedroht war. Als typische Beispiele für Konflikte in süddeutschen Reichsstädten werden Rothenburg ob der Tauber und Nürnberg herangezogen.

Quellenbasis für die 1790er Jahre sind zunächst die zeitgenössischen Zeitungen, die sich in den Anfangsjahren der Französischen Revolution recht ausführlich auch mit den Protesten in Deutschland befassen. Als diese 1794/95 zunehmen, wird die Berichterstattung zurückhaltender, vermutlich infolge obrigkeitlicher Aktivitäten. So gibt nach Tumulten in Havelsberg die Berliner Regierung 1801 in einem Brief an den König zu bedenken, »ob es nicht zweckmäßiger seyn möchte, durch unsern Residenten in Hamburg zu verhindern, daß über die Havelbergschen Tumulte etwas in den Hamburger Zeitungen gesagt wird«. Als Grund gibt sie an: »Dergleichen Sachen werden oft so entstellt, daß sie in und außer Landes eine üble Sensation machen«.[66] Eine solche Überlegung erklärt, warum für die Jahre nach 1794/95 die Archive reichhaltigeres Material bieten als die Zeitungen. Für die Proteste der 1830er und 1840er Jahre geht die Forschung dann wieder davon aus, daß die Berichte in den Zeitungen zuverlässiger sind als die von Behörden.[67] Die Zeitungen dieser beiden Jahrzehnte sind von der Protestforschung recht gründlich ausgewertet worden, während die Archivalien, die über die Proteste der 1790er Jahre Auskunft geben, noch kaum erschlossen sind.[68]

Dementsprechend steckt auch die historische Analyse dieser Proteste (und der in der Napoleonischen Zeit) zumindest für den städtischen Bereich noch in den Anfängen.[69] Es fehlen Darstellungen, die die Innenseite des Problems, die Selbsteinschätzung des Pöbels, die Moral seiner Aktionen und Reaktionen analysieren. Lediglich die deutsche Jakobiner-Forschung hat sich damit befaßt, erliegt aber einer Fehleinschätzung, wenn sie in den Aktionen der deutschen Unterschichten während der 1790er Jahre »in erster Linie den Kampf der Volksmassen ... gegen den verrotteten Feudalismus und für die Durchsetzung der bürgerlichen Gesellschaftsordnung« sieht, wie es H.

Scheel tut.[70] Er wendet jedoch, im Gegensatz zur älteren Jakobinismus-Forschung der DDR, Lenins Wort von den »Jakobinern mit dem Volk«, von Lenin auf die französische Jakobinerherrschaft bezogen, nicht mehr ohne weiteres auf die deutschen Jakobiner an. Diese teilten mit ihren bürgerlichen Zeitgenossen die Furcht »vor dem sinnlosen Wüten der unaufgeklärten Massen«, wie Walter Grab in seiner neuesten Studie über die deutschen Jakobiner am Beispiel Georg Forsters deutlich macht.[71] Allerdings rechnet auch Grab die »sporadisch und meist spontan entstehenden Volksunruhen und Protestbewegungen der Bauern und Stadtplebejer gegen die traditionellen Machteliten den Jakobinern zu«, obwohl er eine gemeinsame ideologische Basis nicht feststellen kann.[72]

Im Gegensatz zur Protestlandschaft der 1790er Jahre ist die der 1830er Jahre und des Vormärz in der neuesten Forschung umfassend analysiert worden.[73] Interessierte zunächst der Protest im Fall verhinderter Reformen, als Indikator für steckengebliebene Modernisierungsmaßnahmen bis hin zur Revolution von 1848, wird inzwischen immer deutlicher, daß im Rahmen des Sozialprotests der Unterschichtenprotest durchaus einen eigenen Platz hat.[74] Zur Modernisierung im Sinne politischer Teilhabe hat er jedoch nicht beigetragen.[75] Dafür orientierten seine Träger sich zu stark an den Normen der Vergangenheit. Hier brachte erst die Arbeiterbewegung die Wende. Sie konnte auf die durch den Unterschichtenprotest tradierte Kommunikationsformen zurückgreifen und so Elemente der politischen Kultur der Unterschichten für sich nutzen.

1. Kapitel: Arten des Unterschichtenprotests

Subsistenzproteste

Der wichtigste Unterschichtenprotest war der Subsistenzprotest. Darunter werden hier alle gewaltsamen Aktionen von Unterschichten zur Sicherung der notwendigsten Lebensbedürfnisse verstanden. Diese Aktionen konnten sich gegen den Rat einer Stadt, gegen einen Händler auf dem Markt oder in seinem Geschäft, gegen den Verwalter eines Kornmagazins oder gegen einen Exporteur von Lebensmitteln richten. Mit diesen Protestaktionen versuchten Angehörige der Unterschichten zum Beispiel, die Einrichtung von Kornmagazinen zu erreichen, den Export von Lebensmitteln zu verhindern, niedrigere Preise und ein Angebot von Lebensmitteln oder notwendigen Rohstoffen zu einem ›gerechten‹ Preis durchzusetzen. Zu den Subsistenzprotesten gehören aber auch Aktionen wie der »Holzfrevel« nach der Privatisierung des ehemaligen Gemeindewaldes, Steuerverweigerungen im Fall totaler Verarmung und gewalttätige Aktionen gegen Verleger, Manufakturisten oder Fabrikanten nach Verlust des Arbeitsplatzes oder infolge ständig sinkender Löhne.

Die Angst, »Hungers zu sterben«, war das wichtigste Motiv dieser Aktionen. Noch 1852 schreibt W. Roscher in seinem Buch über den Kornhandel: »Freilich werden die Leidenschaften des Pöbels durch Hungerfurcht am stärksten erregt, und dem gemeinen, wissenschaftlich also nicht ausgebildeten Menschenverstande sagt die sogenannte Körnerwucherpolizei vortrefflich zu«.[1]

Je breiter die Trägerschicht eines Subsistenzprotests war, desto größer die Aussicht auf Erfolg. Doch gab es auch gruppenspezifische Subsistenzproteste, d. h. Proteste, in denen es um die Existenzsicherung bestimmter Gruppen ging. Hierher gehören zum Beispiel die »Lohnstreiks« der Gesellen, Manufakturarbeiter oder Tagelöhner, die Marktproteste der Weber zur Verbilligung der Garnpreise, die Meuterei von Soldaten, um größere Brotrationen zu erhalten.[2] Im ausgehenden 18. Jahrhundert wurden vor allem die Hunger- und die

Holzproteste von breiten Schichten getragen, während alle anderen Subsistenzproteste noch stark gruppenspezifischen Charakter haben. Das gilt auch für die Fabrikenproteste. Erst mit der Herausbildung der Industrie im 19. Jahrhundert gewinnen sie in den betreffenden Regionen den Charakter allgemeiner Subsistenzproteste.

In den Protoindustriegebieten des 18. Jahrhunderts war der Subsistenzprotest der Heimgewerbetreibenden und Manufakturarbeiter noch weitgehend Hungerprotest, der sich gegen die Obrigkeit richtete, nicht gegen die Unternehmer.[3] Im 19. Jahrhundert wurde dann der Fabrikant zum Adressaten des Protests. Ihm zerstörten die Protestierenden Haus, Wohnung, Fabrik und auch die Maschinen, um Lohnreduktionen und Entlassungen zu verhindern oder um die Maschine als Konkurrenz auszuschalten.

Den Protesten lag im ausgehenden Ancien régime die Vorstellung zugrunde, die Obrigkeit als »gute Policey« habe dafür Sorge zu tragen, daß Nahrungsmittel, Holz und Rohstoffe zum ›gerechten‹ Preis angeboten werden. Preissteigerungen in Knappheitszeiten wurden dabei durchaus in Kauf genommen.[4] Versagte die Obrigkeit, so griffen die Unterschichten zur Selbsthilfe. Die einfachste Form einer solchen Selbsthilfe bestand darin, das Rathaus zu besetzen und den Magistrat zu zwingen, für niedrigere Preise zu sorgen oder durch die Anlage von Kornmagazinen eine »grössere Theuerung« von den armen Bürgern abzuwenden. So stürmten im November 1795 zweihundert Bürger in Rothenburg o. d. T. während einer Ratssitzung den Saal und verlangten »mit Trotz und äußerstem Ungestüm, daß ihnen die publiquen Böden von Korn Getraid Vorrähte ... gezeigt werden sollten«. Da der Rat dieser Forderung nicht nachkam, wiederholten sie im Dezember 1795 die Aktion. Dabei gingen sie »in ihrer Raserei und Tollkühnheit« so weit, daß sie »die Amtsbürgermeister auf der Treppe anhielten und nicht weitergehen ließen, so daß dieselben sich genöthiget sahen, in die Rathsstube zurückzukehren und die inzwischen sich entfernten Raths-Mitglieder in Continenti nochmals convociren zu lassen ... [und] zu[r] Vermeidung größerer Unannehmlichkeit gar thätlicher Auftritte dem Ungestüm der rebellischen Bürger nachzugeben«. Eine von dem Rat eingesetzte Kommission mußte feststellen, daß nur »ein Dritteil der Bürgerschaft [dem Rat] ganz gut gesinnt und ihr Mißfallen an den bißherigen Auftritten bezeugt habe«, zwei Drittel der Bürgerschaft mithin diese Aktion rechtens fanden. Das loyale Drittel der Bürgerschaft war zudem auch noch der Ansicht, »daß solche [Auftritte] durch Beschleunigung der Magazin Anstallten hätten vermieden werden können.«[5] In der Protoindustriestadt Altena in Westfalen besetzten im selben Jahr »Weiber« den Ratssaal »und fingen also an, denselben [Magistrat zwecks Anlage eines Kornmagazins] zur Rede zu stellen und die Männer stimmten mit denselben ein und erlaubten sich Bedrohungen.«[6] In Deutschland begegnen diese Aktionsformen erst in der Hungerzeit der 1790er Jahre. In der Schweiz waren sie schon Tradition, wie der Küchli-Krieg in Basel 1771 beweist.[7] In den Reichsstädten war es vielfach die Unfähigkeit der Magistrate oder Korruption, die eine geregelte Versorgung in Notzeiten verhinderte; in den Hafenstädten spielte eine große Rolle der Einfluß exportorientierter Kaufleute auf die Magistrate, die auf Preisfestsetzungen verzichteten, um die Exportgeschäfte nicht zu stören.

Blieben die Pressionen auf den Magistrat ohne Erfolg, setzten die Protestierenden den Preis eigenmächtig fest. Im allgemeinen wurde der Händler zuvor gefragt, ob er die Ware nicht von sich aus billiger verkaufen wolle, häufig mit der Drohung verbunden, daß man seine Waren vernichten werde, wenn er sich weigere. Über eine solche Protestaktion im Jahr 1817 in Mainz berichtet der dortige Pfarrer Scherer: »Am 16. [August] trieben auch die Weiber Unfug auf dem Markt. Sie wollten mit Gewalt die Preise herunterbringen. Sie fragten nach dem Preis, taten ein weit geringeres Gebot, und wenn es ihnen nicht so gegeben wurde, machten sie kurzen Prozeß, schütteten die Kartoffelsäcke aus, stülpten die Körbe mit Bohnen und anderem Gemüse um, darunter wurden auch Eier und Butter gemischt und mit Füßen untereinander getreten. Der Lärm wurde so groß, daß das Militär ausrückte, um die Ruhe wieder herzustellen«.[8]

Eine Steigerung der Selbsthilfemaßnahmen war die Blockade. Auf sie griff man zurück, wenn es kein Getreide bzw. kein Mehl zu kaufen gab, vor den Augen der Hungernden aber Wagen oder Schiffe mit Lebensmitteln für den Export beladen wurden oder Lebensmitteltransporte die Region durchquerten. Die Protestierenden hinderten den Fuhrmann oder Schiffer an der Weiterfahrt und zwangen ihn, das Korn auf dem lokalen Markt anzubieten, auch wenn er eine Exporterlaubnis der Obrigkeit besaß. An diesen Aktionen waren in den Hafenstädten, vor allem aber in den Protoindustrie- und Exportgebieten sowohl städtische als auch ländliche Unterschichten beteiligt.[9] Die Festsetzung eines Preises im Zusammenhang einer Blockade ging ähnlich vor sich wie die Preisfestsetzung durch protestierende Unterschichten auf dem Markt, wenn Höker, Marktweiber oder auch Bauern Knappheit dazu nutzten, die Preise heraufzusetzen. Solche Preisfestsetzungen waren jedoch nur so lange möglich, wie überhaupt etwas angeboten oder durch Blockade herbeigeschafft wurde. Gab es nichts oder zu wenig, dann »visitierte« der Pöbel die Kornvorräte der Händler oder Bäcker, beschlagnahmte bestimmte Mengen und setzte den Händler unter Druck, diese zum ›gerechten‹ Preise anzubieten.

Preisfestsetzungen und Blockaden mit dem Zwang zum Verkauf blieben bei den Hungerprotesten bis zur Mitte des 19. Jahrhunderts die Hauptprotestform. Als typisch süddeutsche Variante kamen im Vormärz und noch später die sog. Bierkrawalle hinzu.[10] Bier war hier seit dem ausgehenden 18. Jahrhundert das wichtigste Volksgetränk. Es besaß einen hohen Nährwert. Die Verknappung von Hopfen und Gerste zu Beginn der 1840er Jahre führte zwischen 1844 und 1849 zu einem kontinuierlichen Preisanstieg für Bier. Das löste in den Städten jedes Jahr von neuem Protestaktionen aus, durch die Brauer und Wirte gezwungen wurden, das Bier zum alten Preis zu verkaufen. Die bayerische Regierung forderte deshalb Handwerksmeister, Fabrikbesitzer und Bauwerkführer auf, Gesellen und Arbeiter besonders zu überwachen; Tumultverdächtige sollten sofort der Polizei gemeldet werden. Noch 1873 wurde in Frankfurt am Main von Brauern und Wirten ein niedrigerer Bierpreis in ähnlich ritualisierter Form gefordert, wie der Pfarrer Scherer sie 1817 auf dem Markt in Mainz beobachtet hatte. Die Protestierenden fragten zunächst in den Gastwirtschaften, ob sie das Bier nicht zum alten Preis bekommen könnten. Erst als die Wirte ablehnten, kam es zu »Excessen«, bei denen die Einrichtungen der Wirtshäuser zerstört wurden.

Zu einer letzten großen Welle von Hungerprotesten kam es im Teuerungsjahr 1847. Auch diesmal brachen die Proteste aus, weil in vielen Orten Lebensmittel überhaupt nicht oder nur zu sehr hohen Preisen angeboten wurden, während die Händler vor allem das Korn in den Speichern horteten oder es exportierten.[11]

Für den Ausbruch von Hungerprotesten im ausgehenden 18. Jahrhundert war in fast 80 % der Fälle das Zusammenwirken der folgenden drei Ursachen ausschlaggebend:

- der Export von Lebensmitteln unter den Augen der Hungernden;
- ein fehlendes Angebot auf dem lokalen Markt bzw. ein Angebot zu sehr hohen und unerschwinglichen Preisen;
- Hunger oder gar Angst vor dem Verhungern.

Hungerproteste, vor allem Blockaden finden wir sowohl in den 1790er Jahren als auch noch 1847 primär in Hafen- und hafennahen Städten, in agrarischen Exportgebieten oder in Protoindustriegebieten, in denen die Arbeiter nur in geringem Maß Selbstversorgung betreiben konnten. Über die Hälfte der sechsundzwanzig für die Zeit von 1790 bis 1806 untersuchten Hungerkrawalle, nämlich vierzehn, lagen im küstennahen Raum der Ost- und Nordsee (Schleswig-Holstein, Mecklenburg, Pommern), drei in der exportorientierten Magdeburger Börde, sieben in Protoindustrie- bzw. Bergbaugebieten (Berg, Mark, Sachsen).[12] Protestanfällig blieben diese Regionen bis weit ins 19. Jahrhundert hinein. Auch 1847 lagen die Protestzentren entweder in Küstennähe bzw. in exportorientierten Gebieten (Pommern, Westfalen und Ostpreußen) oder in proto- bzw. frühindustriellen Gewerbegebieten: in Schlesien, in der preußischen Provinz Sachsen, in Württemberg.[13]

Neben den allgemeinen Hungerprotesten gab es Versuche einzelner Gruppen, durch Verweigerung von Arbeit oder mit Gewalt Lohn und Brotpreis in Einklang zu bringen. Dazu gehören die Gesellen- und vereinzelt Manufakturarbeiterstreiks in der Teuerungszeit zwischen 1795 und 1806. Sie brachen aus wegen der »jetzigen hohen Preise fast aller Lebensnothwendigkeiten, besonders des Brods«.[14] Obwohl die Lohnforderungen an die Meister oder Manufakturisten gerichtet wurden, waren die eigentlichen Adressaten die städtischen Obrigkeiten. Diese hatten, wie es 1795 in einem Gesuch der Maurer in Greifswald heißt, »damals, als alle Lebensbedürfnisse noch nicht so sehr wie jetzt im Preis gestiegen ... nach der damaligen Zeitläuften und Umständen unser Taglohn ... bestimmet«. Wo die Obrigkeit die Berechtigung der »Streiks« einsah, reagierte sie recht flexibel, versuchte aber, wie 1799/1800 der Rat von Lübeck, höhere Löhne durch längere Arbeitszeiten zu kompensieren.[15]

Die gruppenspezifischen Proteste für Lohnerhöhungen waren vermutlich nicht so erfolgversprechend wie die allgemeinen Subsistenzproteste, an denen sich auch Handwerker und Soldaten in großer Zahl beteiligten. An den Hungerprotesten allein des Jahres 1847 nahmen weit mehr Menschen teil als an den Lohnstreiks im ganzen Vormärz. Im übrigen darf nicht übersehen werden, daß auch die Lohnstreiks des Vormärz noch weitgehend als Lohnproteste abliefen. Das heißt, daß mit der Verweigerung der Arbeit Demonstrationszüge und Bestrafungsaktionen einhergingen. In ihren Aktionen unterschieden die

Lohnstreiks sich kaum von den Hungerprotesten. Die Bereitschaft zur Gewaltanwendung war bei den 1791 in Hamburg streikenden und protestierenden Manufakturarbeitern nicht weniger groß als bei den Fabriken- und Bahnbauprotesten der 1830er und 1840er Jahre.[16]

Mit der allmählich einsetzenden Industrialisierung verloren die Lohnstreiks den Charakter gruppenspezifischer Proteste. Als *Fabrikenproteste* wurden sie in den Industriestädten und Industriegebieten zu Massenprotesten, deren Trägerschicht durchaus nicht homogen sein mußte, da auch die Protestgründe sehr heterogen sein konnten. Protestierten die Heimgewerbetreibenden in diesen Fabrikenprotesten gegen die Zerstörung der überkommenen Lebensordnung durch die Maschine, so kämpften die Arbeiter gegen Lohnreduktionen oder die Freisetzung von Arbeitskräften. Die Proteste mündeten häufig in Bestrafungsaktionen gegen die Fabrikanten, in deutlicher Parallele zu den Aktionen gegen die »Wucherer« bei den Hungerprotesten. Adressat ist jetzt aber nicht die Obrigkeit, wie das – trotz der Bestrafungsaktionen – bei den Hungerprotesten noch weitgehend der Fall war, sondern der Fabrikant oder der Schachtmeister, der den Arbeitern die Löhne und Arbeitsbedingungen diktierte. In die »gerechte Obrigkeit« haben die protestierenden Arbeiter noch Vertrauen, und das obwohl diese Obrigkeit stets eindeutig für die Fabrikanten Partei ergriff, zum Teil sogar deren »Nachgiebigkeit« gegenüber protestierenden Arbeitern kritisierte.[17]

Eine längere Tradition als die Hungerproteste haben in Deutschland die *Wald- oder Holzproteste.* In den Bauernkriegen spielte der Kampf um den Wald eine wichtige Rolle, und auch in den Städten reichen die Auseinandersetzungen um den Wald bis ins Mittelalter zurück. Mit der Verknappung des im vorindustriellen Zeitalter dringend benötigten Rohstoffs Holz wurde der Waldfrevel zu einer wichtigen Form des Subsistenzprotests sowohl der städtischen als auch der ländlichen Unterschichten, war Holz doch eines der »notwendigsten und unentbehrlichsten Lebensbedürfnisse«.[18] In den Städten richtete sich der Protest zumeist gegen landesherrliche Waldordnungen oder gegen kleine Gruppen Nutzungsberechtigter. Im Rheinland erregte in den 1790er Jahren der Kampf Aufsehen, den die Bürger von Boppard jahrelang um ihre Waldnutzungsrechte gegen die kurtrierische Regierung und deren Waldordnung von 1789 führten. Im Februar 1790 forderten etwa 100 Bürger auf dem Rathaus, »sie wollten wegen der damaligen bedrängten Zeit, allwo der Bürger um Brot lamentirt, den Einhang gehauen haben, um hierdurch aus diesem erlösten Geld ihrer damaligen Not steuern zu können.«[19] Hunger- und Holzprotest gingen hier also zusammen und mögen durch die momentane Not aktualisiert worden sein. Erfolg hatten die Bopparder Bürger mit ihren Protesten nicht. Erfolgreicher waren die Iserlohner Arbeiter bei ihrem Kampf um den Wald. Sie zwangen 1790 sogar die königliche Forstverwaltung zum Aufgeben, da die »holzfressenden metallischen Fabriken« dieses Protoindustriegebiets eine sinnvolle Forstwirtschaft von vornherein unmöglich machten. Die wenigen patrizischen Familien Iserlohns, die ein uneingeschränktes Nutzungsrecht hatten, versuchten gar nicht erst, sich gegen das »Recht« der Protestierenden zur Wehr zu setzen. Sie folgten dem klugen Rat, den der Iserlohner Bürgermeister und Hofrat Lecke (1694–1785) gegeben hatte: »Wollten die Ratsfamilien herrschen und ihre Gewalt vom Vater auf den Sohn forterben, so müßten sie die Belange der Erben in den Hintergrund treten lassen und dem Pöbel große Freiheiten einräumen, damit er nicht gegen ihre Justiz und Verwaltung angehe: der Wald sei des Volkes panis et circenses«.[20]

Noch stärker als in den Hungerprotesten äußerte sich im Holzfrevel der Widerstandsgeist vor allem der ländlichen Unterschichten gegen die, so fanden sie, Rechtsverletzung durch Staat und Gutsherren. So sah die preußische Regierung sich im Juni 1848 genötigt, diesen Konfliktbereich durch allgemeine Amnestie zu entkriminalisieren, um eine der wichtigsten Protestfronten der Unterschichten abzubauen.[21] Daß die Gutsherren die Holzungen, die früher den Gemeinden gehört hatten, den ländlichen Unterschichten sukzessive entzogen; daß, so in Schleswig-Holstein, der Wald zum königlichen Besitz geschlagen wurde; daß in Preußen Reformgesetze das Holzsammeln verboten und die Unterschichten das Holz, das sie brauchten, kaufen sollten – all das wurde als Verletzung überlieferter Rechte verstanden. Bei der Waldnutzung setzte sich das Prinzip kapitalistischer Gewinnmaximierung schneller als in anderen Bereichen der Agrarwirtschaft durch und steigerte die Gewaltbereitschaft auf beiden Seiten.[22] Den Bestrafungsaktionen der Unterschichten, die sich hier nicht, wie bei den Hungerprotesten, auf Katzenmusiken und Zerstörung von Wohnhäusern beschränkten, sondern bis zum Totschlag gingen, antwortete die Gegenseite mit Schandpfahl, Verprügeln und sogar mit Erschießung des in flagranti ertappten Holzdiebes. Diese Art der »Exekution« war in Preußen seit 1837 dadurch gedeckt, daß Forstbeamte »in ihrem

Dienste zum Schutze der Forsten und Jagden gegen Holz- und Walddiebe von ihren Waffen Gebrauch« machen durften. Andererseits brachte der »Holzfrevel« die Unterschichten wie nichts anderes zu Widerstandsaktionen in vollem Rechtsbewußtsein.[23]

Der Kampf um den Wald wurde zur wichtigsten Protestform der ländlichen Unterschichten, nachdem die Gemeindeflächen aufgeteilt, die Bauern zu Waldbesitzern geworden, die Einlieger, Häusler und Insten aber leer ausgegangen waren. Dieser Prozeß vollzog sich in den einzelnen Regionen Deutschlands recht unterschiedlich und war erst nach der Revolution von 1848/49 abgeschlossen. Wie in der Stadt Bürgertum und Pöbel, so standen sich auf dem Land nach der Agrarreform bzw. nach der Marken- und Allmendeaufteilung Landbesitzer und Landlose gegenüber. Bürger wie Bauern waren darauf bedacht, sich von den Armen streng abzugrenzen.[24] Hatten z. B. in Holstein bis in die 1790er Jahre Hufner und Insten beim Holzfrevel in den Wäldern der Adligen noch gemeinsame Sache gemacht, so verurteilten nach Abschluß der Landaufteilung die Hufner den Waldfrevel als kriminelles Delikt. Nun waren sie als Waldbesitzer selbst davon betroffen.[25]

Nicht anders war es in Westfalen, wo nach der Markenteilung die Bauern als Besitzer den fast besitzlosen Köttern gegenüberstanden, mit denen zusammen sie vor der Besitzregulierung in den Wäldern des Adels »Holzfrevel« begangen hatten. Jetzt verteidigten die Bauern ihren Wald gegen die Ansprüche der Kötter. Für einen bürgerlichen Beobachter war das eine Situation wie in Frankreich: »Die Kötter machten die Sansculotten, die Bauern repräsentierten die Aristokraten«. So »ungerecht und aufrührerisch« wie die Bauern sich nach Einschätzung desselben Beobachters nur ein paar Jahre davor »gegen ihre Gutsherrschaft betrugen«, so verhielten sich nun die Kötter gegen die Bauern.[26] Im »Klassenkampf um den Wald« (Mooser) behaupteten in Westfalen die bäuerlichen Besitzer ihre Position. Selbst 1848 wehrten sie sich dagegen, den Bedürfnissen der Tagelöhner nach Waldnutzung nachzukommen, und waren bereit, bei Protestaktionen der Unterschichten »das unruhige Proletariat ... wieder in Ordnung zu bringen«.[27]

Durch die Aufteilung der Allmendeflächen hatten die unterbäuerlichen Schichten nicht nur das Recht auf Waldnutzung eingebüßt, sondern auch auf Nutzung der ehemaligen Gemeinschaftswiesenflächen. In Schleswig-Holstein traf das vor allem die sogenannten Heuer-Insten, die gar kein Land besaßen, während den sog. Häuser-Insten wenigstens ein kleines Stück Land gehörte. Denn bei der Aufteilung der Allmende hatten nur diejenigen etwas erhalten, die zumindest über eine kleine Parzelle verfügten. Obwohl für den Lebensunterhalt der Landlosen jetzt überhaupt nicht mehr gesorgt war, verlangten Staat und Kommunen Kopfsteuer bzw. Gemeindeabgaben.

Der Kampf der ländlichen Unterschichten gegen den Verlust ihrer Existenzgrundlage bei gleichzeitig steigenden Steuerforderungen des Staates führte dort, wo mit der Aufteilung der Allmende und Marken schon im 18. Jahrhundert begonnen wurde, zu zahlreichen *Landprotesten*, die sich bis weit ins 19. Jahrhundert hinein fortsetzten und als Insten-Unruhen bekannt sind. Die ersten Unruhen dieser Art ereigneten sich im September 1794 in Kaltenkirchen. Dort weigerten sich einige Heuer-Insten, die bei der Einkoppelung leer ausgegangen waren, ihre Landsteuer, das sogenannte Kopfgeld, zu zahlen. Daraufhin ließ der Kirchspielvogt Horn bei dreien die Haushaltsgegenstände durch einen Taxator pfänden und auf seinen Amtssitz nach Ulzburg bringen. »Am 3. September vormittags etwa gegen 10 Uhr versammelten sich teils in dem Hause des hiesigen Käthners Hinrich Holtorf, teils auf dessen Hofstelle, etliche Insten aus hiesigem Kirchspiel, deren Zahl sich von Zeit zu Zeit immer vermehrte«, so heißt es in Horns Bericht vom 3. 9. 1794.[28] Die Insten, inzwischen auf »etwa ein paar Hundert« aus mehreren Dörfern angewachsen, zogen zum Amtssitz des Kirchspielvogts und verlangten die Herausgabe der gepfändeten Sachen. Als dieser sich weigerte, »drohten [sie ihm] unter Fluchen und Schelten alles zu zerschlagen«, durchsuchten sein Haus, bis sie die Sachen »bestehend aus dreien Kesseln, einer zinnernen Kanne und kurzen Stükken ungebleicht grob Herden und Haufen Leinen« fanden, verlangten noch einmal die Herausgabe, und als sich Horn wiederum weigerte, nahmen sie ihm die Sachen »unter vielen losen Worten, Toben und Schelten weg«. Den Kirchspielvogt bezeichneten sie dabei als »Spitzbube, Canaille und Instenfresser«. Danach berieten die Insten auf dem Hof des Vogts die weiteren Aktionen. Sie »mißhandelten« noch den Taxator Mohr, der die Pfändung vorgenommen hatte, nahmen ihm »etwas Geld« ab und nötigten ihn zu versichern, »sich nie wieder bei dergleichen Pfändungen einzufinden«. Außerdem zwangen sie alle Insten, die sich an der Aktion nicht beteiligt hatten, zur Zahlung von 7 Schilling Strafgeld, um, wenn auch unter Zwang, eine breite Solidarisierung zu erreichen. Eine weitere Solidarisierung sollte dadurch herbeigeführt werden, daß die Insten im Kirchspiel Segeberg zur Steuerverweigerung aufgerufen wurden, »so lange bis ihr eure Gerechtsame wieder habt«.[29]

Der Kaltenkirchener Instenaufstand löste im ganzen Land eine lebhafte Debatte aus. Obgleich die Verfasser der Zeitungsartikel und Gutachten für die Situation der Insten durchaus Verständnis zeigten, war keiner bereit, für sie Land aus den bereits aufgeteilten Flächen zu fordern. Es blieb bei Vorschlägen wie diesen, den Insten die drückendsten Steuern zu erlassen und ihnen ein Heimatrecht nach ihrer Wahl zu gewähren, um die allgemein praktizierte Abschiebung der Insten nach Aufkündigung der Zeitpacht zu verhindern. Ein anderer Vorschlag war die Gründung von Tuch- und Leinenfabriken, »wodurch den Frauen und Kindern der Insten Gelegenheit gegeben würde, durch Spinnen etwas zu verdienen«.[30] Aber nicht einmal diese Vorschläge wurden verwirklicht. Die soziale Not der Insten wurde nicht behoben, und sie setzten im 19. Jahrhundert ihre Proteste fort. So kam es 1829, 1830 und 1831 in Wesselburen zu Tumulten der Landarbeiter, die sich zum größten Teil aus Insten rekrutierten.[31] Versuche bürgerlicher Honoratioren, auf dem Weg über Petitionen eine Linderung der sozialen Not der Insten zu erreichen, wie dies 1831/32 der Advokat Philipp Lindemann für 326 Heuerinsten aus der Umgebung von Eutin unternahm, stießen auf Ablehnung der Regierung. Als Lindemann am 5. Dezember 1832 mit seiner Bittschrift von den Behörden in Eutin abgewiesen wurde, kam es zu einem Aufruhr unter der auf dem Marktplatz wartenden Menge. Die Fenster des Behördengebäudes wurden mit Pflastersteinen eingeworfen und »andere Gewalttaten verübt«. Die Dragoner, die gegen die Protestierenden eingesetzt wurden, töteten einen Insten. In dem dieser Revolte folgenden Prozeß wurden 22 Insten zu schweren Zuchthausstrafen verurteilt und dem Advokaten Lindemann für einige Zeit die Ausübung seines Berufes untersagt, mit dem Ergebnis, daß er bald wirtschaftlich ruiniert war.[32]

Vor allem in Ostholstein erreichten die Instenunruhen ihren Höhepunkt während der Revolution von 1848/49. Um die Ruhe im Land wiederherzustellen, wurde von der provisorischen Revolutionsregierung eine Kommission zur Untersuchung der Lage der Insten und Tagelöhner eingesetzt. Obgleich die Lage als »äußerst dringend angesehen« wurde, ging es dieser Kommission weitgehend nur darum, die aktuelle Erregung unter den Insten zu beschwichtigen und die gröbsten lokalen Mißstände abzustellen. Auf ein Entgegenkommen der Landbesitzer konnten die Insten von vornherein nicht hoffen, da sowohl

Gutsbesitzer als auch Bauern sich dagegen wandten, »daß den kleinen Leuten, ohne daß sie nötig hätten, sich eben viel anzustrengen, reichlicher Unterhalt vom Staat oder den Communen gegeben« werde. Die Ansicht, daß »Besitzende und Besitzlose zwei sich einander feindlich gegenüberstehende Elemente bildeten«, lehnte einer ihrer Sprecher, der Landesschulze Timm Schacht, jedoch als »falschen Wahn« ab.[33]

Die Arbeit der Kommission war am 1. November 1848 abgeschlossen, ihr Bericht aber lag auch Anfang 1850 noch nicht vor. Die Kisten mit dem Erhebungsmaterial waren spurlos verschwunden. Nach dem Olmützer Vertrag (29. 11. 1850) gewannen dann die Konservativen wieder die Oberhand und unterdrückten die demokratische Bewegung, die sich für die Insten eingesetzt hatte. Die Instenbewegung selbst konnte jedoch nicht ohne weiteres aufgelöst werden, da sie auf den Gütern in Ostholstein ein erhebliches Widerstandspotential entwickelt hatte. So weigerten sich auf den Gütern zwischen Lütjenburg und Oldenburg/Holstein seit 1848 zahlreiche Insten die von der Gutsherrschaft ausgestellten Kontrakte anzunehmen. Dabei wurden – ähnlich wie bei dem Kaltenkirchener Instenaufstand 1794 – die Arbeitswilligen von den Protestierenden zur Solidarisierung gezwungen. Alle Insten mußten sich 1848/49 verpflichten, »Alle für Einen« zu stehen und die Arbeit nicht wieder aufzunehmen, bis die Verhältnisse für alle geklärt wären. Im Juni 1849 wurden sie mit Einsatz von Truppen zur Arbeit gezwungen, doch schon im Mai 1850 brach erneut ein Aufstand aus. Selbst in den 1860er Jahren kam es in Erinnerung an die einstige Kommission unter den Insten in Ostholstein zu wiederholten Protestaktionen bei Kontraktabschlüssen.[34] In der Reichstagswahl 1874, als dieser Wahlkreis vom ADAV gewonnen wurde, stellten sie dann das Gros der Wahlkampfhelfer.[35]

Schleswig-Holstein mag für die erste Hälfte des 19. Jahrhunderts insofern eine Ausnahme bilden, als hier die Grenze zwischen Landbesitzenden und Landlosen sehr scharf gezogen war. In anderen deutschen Territorien ging die Aufhebung feudaler Verpflichtungen so allmählich vor sich, daß es dort bei den meisten bäuerlichen Aufständen bis 1848/49 noch überwiegend um die Beseitigung der Feudalabgaben und der herrschaftlichen Rechte ging, zum Teil auch um existenzgefährdende Kriegssteuern, nicht aber um die Auseinandersetzung zwischen unterbäuerlichen, d. h. landlosen, und landbesitzenden Schichten. Bei den großen Bauernaufständen der 1790er Jahre, in Sachsen (1790) und in Schlesien (1793, 1798), kämpften Häusler und Bauern noch gemeinsam gegen neue Forderungen der Gutsherrn und verlangten neben Heraufsetzung der Löhne »ihre größtenteils noch ungemessenen Dienste auf gemessene festzusetzen«. Dabei und selbst beim Aufstand in der sog. Lommatzschen Pflege (1790), einem reichen Bauernland in Sachsen, scheint die landarme und landlose Bevölkerung das tragende Element gewesen zu sein. In Schlesien, wo auch die Steinschen Reformen die erhoffte Befreiung nicht brachten, kam es auch in der ersten Hälfte des 19. Jahrhunderts wiederholt zu Unruhen (1808/09, 1811, 1814, 1816, 1843, 1844, 1845, 1847). In der langen Auseinandersetzung mit dem Adel und den Behörden um die Abschaffung der Dienste waren die bäuerlichen und unterbäuerlichen Schichten dort immer wieder die Betrogenen. Das führte 1848 zur Erzwingung schriftlicher Verzichte der Gutsherren, zur Zerstörung der Gutsarchive – wie das in Sachsen schon in den 1790er Jahren geschehen war – und zur Plünderung und Zerstörung der Gutshöfe. Abgaben wurden verweigert, und bezeichnenderweise mußte nun der gutsherrliche Wald das hergeben, was den Bauern durch den Adel verweigert worden war: Holz und Wild.[36]

Aus bäuerlichen und unterbäuerlichen Schichten mag das »Landvolk« bestanden haben, von dem beim Passauer Aufstand vom März 1798 die Rede ist, das »zu mehrern Tausenden in die Stadt kam und sowohl die Loslassung eines ihrer Anführer ..., sondern die Aufhebung des neuen Ansinnens [Erhebung einer neuen Kriegssteuer] überhaupt mit Gewalt verlangte«. Die Passauerer Landstände sprechen in ihrer Eingabe davon, daß der unerträgliche Druck »des Landmannes« zu diesem Protest geführt habe.[37] Auch noch später, im 19. Jahrhundert, gingen unterbäuerliche und bäuerliche Schichten zusammen, bisweilen gezwungenermaßen. Das zeigt das Beispiel Weinsberg, wo die »dörfliche Elite« (Dipper) in der Revolution 1848/49 die Häusler und Landarbeiter unter Androhung von Brandschatzung zum Mitmachen aufforderte, deren eigenständige Manifestationen aber mit Gewalt verhinderte.[38]

Bewahrungsproteste

Die Subsistenzproteste des 18. und 19. Jahrhunderts zeigen, wie entschlossen die Unterschichten überkommene Vorstellungen gegen eine sich ändernde Welt zu behaupten versuchten, deren Entwicklung durch den kapitalistischen Markt und durch bürgerliche Rechts- und Moralvorstellungen geprägt wurde. Ebenso entschlossen verteidigten sie ihre hergebrachte Lebensweise und bestimmte Lebensqualitäten. Auch dabei kam es zu Protesten, die im folgenden unter dem Begriff Bewahrungsproteste dargestellt werden. Sie zeigen ebenfalls einen starken Konservativismus der Unterschichten, der wohl auch damit zu erklären ist, daß das Neue, das ihnen der Staat oder die bürgerliche Gesellschaft anstelle des Überkommenen boten, kaum etwas Verlokkendes besaß. Der Popularphilosoph Christian Garve deutet 1786 dieses Festhalten am Alten in seiner Studie »Über den Charakter der Bauern« so: »Es ist ein allgemein bekannter und schon oft bemerkter Charakterzug des Bauern, daß er gern beym Alten bleibt. Es müssen ungewöhnlich starke Bewegungsgründe auf ihn wirken, wenn er die von seinen Eltern ihm gleichsam angeerbte Art sein Geschäfte zu treiben, so lange sie ihm nur einigermaßen sein Auskommen verschaft, abändern soll. Dieser Hang, den er mit einem großen Theil aller Handarbeiter gemein hat, rührt theils aus Trägheit her, [...] theils aus Unverstande, [...] theils aus Mißtrauen gegen die Höhern, [...] theils endlich aus Mangel der Begierde nach einem bessern Zustande, als sein gegenwärtiger ist.«[39]

Die Unterschichten hatten eine grundsätzlich andere Einstellung zur Arbeit und zum Geld als die bürgerlichen Schichten. Arbeit besaß für sie keine moralische Qualität, sondern ihr Ertrag sollte den Lebensunterhalt sichern, das Feiern von Festen ermöglichen und, soweit erschwinglich, den Konsum von Luxusartikeln wie Zucker, Tee, Kaffee, Alkohol und modische Kleidung gestatten. Diese Neigung, Geld für Luxusgüter auszugeben, anstatt es zu sparen, stieß auf die Kritik des Bürgertums, das von den Unterschichten Arbeit und Verzicht verlangte. Ein Beispiel: 1791 bemühte sich der Unternehmer Rumpe in Altena um die Schließung einer Gastwirtschaft dieses protoindustriell geprägten Ortes, »weil hieselbst außer den wenigen Kaufleuten und Beamten nur lauter Fabricanten [= die Heimgewerbetreibenden der Drahtindustrie] wohnen, welche bei gutem Fortgang der Fabriquen ihren täglichen Verdienst haben, und diesen auch Sonntags mehrentheils wieder verzehren und zu längerer Zeit hiezu versammelt desto größere Ausschreitungen begehen, da sie nicht ruhig seyn können, bis das vorräthige Baar-Geld verzehrt worden«.[40]

Für das aufgeklärte Bürgertum waren Arbeitsamkeit und Sparsamkeit Tugenden, die den moralischen Wert eines Menschen mit bestimmen. Das wird im ausgehenden 18. Jahrhundert in vielen Schriften bis hin zu den zahlreichen Reiseberichten deutlich ausgesprochen. Einen interessanten Zusammenhang zwischen Arbeit und Charakter stellt Georg Forster in seinen »Ansichten vom Niederrhein« her, wenn er die »Verderbtheit« des »moralischen Charakters« der rheinischen Weinbauern mit ihrer saisonalen Arbeitslosigkeit erklärt. Noch schlimmer war es seiner Ansicht nach um die Moral der Bettler in Köln und Aachen bestellt, die überhaupt nicht arbeiten wollten. Das positive Gegenbild stellt »der Fleißige« dar, »der seine Kräfte rechtschaffen anstrengt, um hernach seines Erwerbes froh zu werden, ihn mit den Seinigen zu teilen, regelmäßig mit ihnen einfache, gute Kost zu genießen und mit ganzem Rock zu erscheinen«. Dieses Gegenbild sieht er in dem »gemeinen Mann« von Frankfurt verwirklicht, »der fast durchgehends geschäftig, reinlich und anständig gekleidet ist«. Forsters Fazit: »Dieser Arbeitsame ist unstreitig sittlicher, gesunder und glücklicher als der Müßiggänger; er ist ein Mensch, wo dieser nur ein Tier, und zwar mit menschlichen Anlagen ein desto gefährlicheres Tier ist«. Nicht viel anders sieht es Christian Garve in seiner Studie über die Bauern: »Wenn der ganze Stand der Bauern, durch stufenweisen Fortgang ihres Fleißes und eine allmählige Erleichterung ihrer Lasten, zu einem größern Wohlstande gelangt: wird dadurch gewiß auch sein moralischer Charakter veredelt.«[41]

Um den »Müßiggänger« zum »Menschen« zu erziehen, hatte man vor allem in Norddeutschland seit dem 17. Jahrhundert Zucht- und Werkhäuser eingerichtet, in denen Bettler und Arbeitslose gezwungen wurden, zusammen mit Kriminellen zu arbeiten. Bettelei wurde vom Staat zum strafbaren Vergehen erklärt, Bettler wurden von den Bettelvögten zwangsweise ins Arbeitshaus eingeliefert.[42] Die Unterschichten widersetzten sich vielfach diesem Zwang, der entscheidend in ihren Alltag und in ihre Freiräume eingriff und sie auf ungewohnte Normen verpflichtete. So befreite 1743 in Berlin der »Pöbel« die Armen, die ins Arbeitshaus abgeführt wurden. Das wiederholte sich in den folgenden Jahrzehnten des öfteren, so daß die preußische Regierung sich zwischen 1783 und 1786 nicht weniger als viermal genötigt sah, Edikte gegen die Unterstützung der Bettler durch die Bevölkerung zu erlassen.[43] Und in Hamburg, so berichtet Caspar von Voght für die 1790er Jahre, »griffen sechzehn Bettelvögte den Bettler auf, wenn sie ihn in einer entlegenen Gasse fanden; denn in einer anderen mißhandelte sie der Pöbel und entriß ihnen den Armen«.[44]

Arbeitsamkeit, Effizienz und Askese mochten das bürgerliche Selbstverständnis bestimmen, für die Unterschichten mit ihrer Konsumorientierung aber waren das nicht unbedingt Werte. Die Kritik des aufgeklärten Bürgertums erreichte den Pöbel freilich nicht direkt – er las nicht die aufgeklärten Journale. Er bekam die bürgerlichen Werte auch nicht in der Schule vermittelt, dafür war es um das Schulwesen für die Unterschichten viel zu schlecht bestellt. Der einzige Weg, auf dem die moralischen Vorstellungen des Bürgertums an die Unterschichten herangetragen werden konnten, waren die Predigten aufgeklärter Geistlicher. Auf Kritik und Vorwürfe von der Kanzel herab reagierten sie jedoch nicht selten mit Protestaktionen. So brachte 1796 der Ulmer »Pöbel« dem Präceptor Fischer, der in seiner Neujahrspredigt die »selbstgemachten Feiertage« der Unterschichten kritisiert hatte, in mehreren Nächten Katzenmusiken, warf ihm die Fenster ein und verspottete ihn mit einem »pöbelhaften Lied«.[45] In Brakel bei Paderborn zog sich der katholische Pfarrer »den Haß des Pöbels« zu, weil er von der Kanzel herab gegen das Tanzen an Sonntagen sprach. Sein Bild im Meßgewand wurde an den Schandpfahl gebunden, sein Garten verwüstet und seinen Kühen der Schwanz abgeschnitten.[46] In Wien widersetzten sich 1794 die Gesellen des Schusters Plattner ihrem Meister, als er versuchte, sie zur Predigt des Pfarrers Krick zu schicken, der als »Prediger der Arbeitsamkeit« bekannt war.[47]

Stärker als die evangelische Kirche, die seit der Reformation eine Reihe von Feiertagen abgeschafft hatte, war die katholische Kirche mit ihren zahlreichen Festtagen bis ins späte 18. Jahrhundert der Mentalität der Unterschichten entgegengekommen: dem Wunsch nach Freiräumen für ein gesellschaftlich-geselliges Leben und der Ablehnung von Arbeitssteigerung und Sozialdisziplinierung. In den zahlreichen geistlichen Kleinstaaten änderte sich das jedoch im Zuge der katholischen Aufklärung. Jetzt richtete sich die Politik aufgeklärter Fürstbischöfe gegen die »Ausschweifungen« der Unterschichten, gegen deren Kleiderluxus oder gegen das Kaffeetrinken »des gemeinen Mannes«. Die entsprechenden Verbote riefen häufig Widerstand hervor und führten zu symbolischen Protestaktionen wie z. B. der, daß man vor die Tür des Paderborner Vizekanzlers einen Esel band, »auf dessen Rücken eine abenteuerliche menschliche Figur mit einer Kaffeetasse in der Hand saß«.[48]

In Österreich negierte die josephinische Reformgesetzgebung viele Traditionen der Alltagskultur der Unterschichten. Das Wallfahren wurde verboten, zahlreiche Feiertage wurden abgeschafft. Das Verbot der Wallfahrten bedeutete das Ende des »Unterschichten-Tourismus« der Barockzeit. Die Aktionen von Unterschichten gegen dieses Verbot stießen beim aufgeklärten Bürgertum auf Unverständnis. Als 1789 in der Grafschaft Tirol »Empörungen« ausbrachen, sah das »Politische Journal« den Grund dafür im »Religionsfanatismus«. »Den wie gewöhnlich berauschten Wallfahrtern«, so der Bericht, »habe man die Kirche gesperrt, welches sie in eine heilige Wuth brachte, die vom gahrenden Wein beseelt, sich Gewaltthätigkeiten heraus nahm, bald weiter um sich griff, und endlich förmliche Anforderungen machte, daß, Wallfahrten, Läuten bey Ungewittern und dergleichen abgestellten Unsinn auszuüben erlaubt seyn möchte, welches der Kaiser bewilligte, der dadurch sogleich den Frieden herstellte«.[49] Offensichtlich war die kaiserliche Regierung in Wien sich im Revolutionsjahr 1789 der Gefahr für das System bewußt. Auf jeden Fall verzichtete Kaiser Joseph II. zunächst einmal auf die Durchsetzung der Verbote. Nicht ganz so verhielt sich der Würzburger Fürstbischof Franz von Seinsheim, als er 1770 achtzehn Feiertage abschaffte, an denen nun gearbeitet werden sollte. In richtiger Einschätzung der Unterschichten-Mentalität erteilte er seinen Beamten mit der Verordnung die Anweisung: »dahero die erste Bewegung des Pöbels mit Verachtung nachzusehen, wannen es aber auf eine halsstarrige Widersetzlichkeit hinauslaufen sollte, werden alsdann ernstlichere Mittel zu gebrauchen sein«. Es waren vor allem die Gesellen, die von dieser Abschaffung der Feiertage betroffen waren und sie durch mehrere Streiks zu verhindern suchten.[50] Sie hatten damit jedoch ebenso wenig Erfolg wie die Berliner Tischlergesellen, die 1795 mit Arbeitsniederlegung gegen die Abschaffung des dritten Pfingstfeiertages protestierten.[51]

Der Protest gegen die Abschaffung von Feiertagen, gegen das Verbot von Wallfahrten und ähnlicher Bräuche zeigt, daß die Alltagskultur der Unterschichten sehr eng mit Kirche und Religion verbunden war. Mit dem Protest versuchten die Unterschichten nicht nur, das traditionelle Verhältnis von Arbeit und Freizeit zu retten; im religiösen Bereich verteidigten sie auch das Überkommene gegen aufgeklärte Modernisierungsversuche. Die Unterschichten standen deshalb in der katholischen wie in der evangelischen Kirche auf seiten der Orthodoxie und gegen die Aufklärung. In seinen »Skizzen zu einem Gemälde von Hamburg« bemerkt der aufgeklärte Domherr Friedrich Lorenz

Meyer für das ausgehende 18. Jahrhundert: »Noch viel Anhänglichkeit an Religion und Kult findet sich beim gemeinen Mann in den untern Klassen Hamburgs«. Dieser »gemeine Mann in den untern Klassen« stellte die Fußtruppen im Kampf des Hauptpastors Goeze gegen die Hamburger Aufklärung. Goeze hatte nicht nur Lessing angegriffen, sondern auch allen anderen Aufklärern, die sich in seinem Kirchspiel regten, das Leben schwer gemacht. 1772 – so berichtet der bereits zitierte Domherr Meyer – sei der aufgeklärte Theologiekandidat Lofft »blaß und erschrocken« zu ihm gekommen, nachdem er auf der Straße von einem »Haufen Arbeitsleuten« mit den Worten »Sieh! da ist noch einer von den Bibelverdrehern« attackiert und mit Steinen beworfen worden war.[52]

Es ist verständlich, daß die Aufklärer die Macht des orthodoxen Klerus mit dessen Rückhalt bei den Unterschichten erklärten. Für Hamburg stellte Christlob Mylius, der Vetter Lessings, bereits 1753 fest: »Da der Pöbel hier sehr stark ist, so stehen die Geistlichen in großem Ansehen«.[53] Zur Situation in Köln bemerkt Georg Forster 1790 in seinen »Ansichten vom Niederrhein«: »Der Magistrat, der den Protestanten bereits die freie Religionsübung innerhalb der Ringmauern bewilligt hatte, mußte seine Erlaubnis kürzlich wieder zurücknehmen, weil der Aberglaube des Pöbels mit Aufruhr, Mord und Brand drohte [...] Die Bettlerrotten sind ihre [der Geistlichen] Miliz, die sie am Seil des schwärzesten Aberglaubens führen, durch kärglich gespendete Lebensmittel in Sold erhalten und gegen den Magistrat aufwiegeln, sobald er ihren Absichten zuwiderhandelt. Es ist wohl niemand so unwissend, daß er noch fragen könnte, wer den Pöbel gereizt habe, sich der Erbauung eines protestantischen Gotteshauses zu widersetzen?«[54]

Protestaktionen zur Erhaltung des Überkommenen im kirchlichen Bereich richteten sich gegen die Einführung aufgeklärter Gesangbücher, Katechismen und Gottesdienstordnungen (Agenden)[55]. Vor allem in Norddeutschland kam es zu heftigen Auseinandersetzungen. Wenn es sich bei den Protestträgern auch weitgehend um bäuerliche Kreise handelte, so ist doch davon auszugehen, daß sich die ländlichen Unterschichten diesem Protest angeschlossen haben. Besonders heftig und schließlich erfolgreich waren die Proteste in den Herzogtümern Schleswig und Holstein gegen die vom dänischen König 1797 angeordnete Reform der Agenden, die der aufgeklärte Generalsuperintendent Adler ausgearbeitet hatte. Der Protest konnte sich spontan in der Kirche entladen. So stellte in Oldenburg in Holstein im Neujahrs-Gottesdienst 1798 nach dem Schlußchoral ein leibeigener Bauer dem Pfarrer in plattdeutscher Sprache die Frage, warum das Evangelium nicht in gewohnter Weise vorgelesen worden sei, und fügte hinzu, daß er mit der neuen Ordnung nicht zufrieden sei. Der aufgeklärte Pastor Schröder ließ daraufhin diesen Bauern verhaften.[56] Zwei Wochen später unterbrach in Rellingen, im Kreis Pinneberg, ein junger Bursche den Pfarrer bei der Verlesung des Evangeliums mit der Forderung: »Sie hätten nun genug von dem Texte, sie wollten das Evangelium von Cana Galiläa haben«, worauf – so heißt es weiter in dem Bericht des Pinneberger Drosten – »ein allgemeiner Aufstand mit Stampfen und Schreyen angefangen und alle Leute bis auf etwa 100 Personen aus der Kirche gegangen« seien. Gegen die Arretierung des »Übeltäters« durch den Drosten protestierte eine große Menge junger und alter Leute, die dem Drost »alle aus einem Munde [zuriefen], daß sie das alte Evangelium behalten wollten, wobey mehrere junge Leute erklärten, das was dem Pein [so hieß der »Übeltäter] geschehe, ihnen auch geschehen müsse, indem sie alle mit ihm einig wären«. Dem Drosten gegenüber wiederholten sie die Bitte, »daß sie das alte Evangelium, welches sie auswendig wüßten und zu begreifen glaubten, behalten müßten, indem sie sich auf die neuen Texte nicht verstünden«. Der Text von »Cana Galiläa« war den Rellingern vertraut, enthielt er doch die Schilderung eines der wenigen Feste des Neuen Testaments, bei dem Jesus durch die Weinvermehrung zur allgemeinen Festfreude beitrug.[57]

Durch die aufgeklärten Neuerungen fühlte sich vor allem die ländliche Bevölkerung in dem ihr vertrauten religiösen Bereich verletzt und lehnte die Reformen deshalb recht heftig ab, selbst wenn dabei die Autorität des Königs in Frage gestellt werden mußte, der ansonsten in den Unterschichtenprotesten der 1790er Jahre für die Protestierenden eine unangefochtene Instanz war. Aufschlußreich dafür sind die Antworten der Bauern aus dem Kirchspiel Oldenburg in Holstein bei ihrer Vernehmung nach dem Vorfall im Neujahrs-Gottesdienst 1798. Dem Richter gegenüber erklärten sie, »daß sie ihren alten Glauben behalten wollten, den sie 1700 Jahre und darüber gehabt, daß sie die Crucifixe, so wie sie so viele Jahre gebräuchlich gewesen, beym Abendmahl behalten wollten; daß sie in den Evangelien ihre Beruhigung fänden, daß sie gar nicht wüßten, auf welchen Glauben ihre Kinder jetzt getauft würden und daß es bey der neuen Einrichtung in der Kirche nicht bleiben könne, wenn der König Ruhe im Lande behalten wolle; daß ihre Knochen sämtlich eher hier und da zerstreut werden sollten, als daß sie jene Einrichtung zugeben würden; endlich, daß in Sachen des Glaubens, worauf sie getauft und eingesegnet worden, der König ihnen nichts vorschreiben, ihre Seligkeit ihnen nicht rauben könne. Wenn der König das könne, so müßte es nicht weit vom jüngsten Tage seyn; und da müsse es erst Blut kosten«.[58] Einflüsse einer pietistischen Laientheologie, wie sie dann vor allem im 19. Jahrhundert in bäuerlichen Kreisen in Westfalen begegnen, sind unverkennbar. Die Widerstandsaktionen entsprangen dem Bedürfnis, vertraute Leitbilder und vertraute Lebensgewohnheiten und das, was sie emotional und kulturell bedeuteten, gegen eine intellektuelle Aufklärung und ihre Modernisierungstendenzen zu behaupten.

Auch im 19. Jahrhundert gab es eine bürgerliche Kritik an den plebejischen Lebensgewohnheiten, am »lustig leben und müßig gehen« der Arbeiter, am schlechten Haushalten (damit meinte man die Feste und das Feiern) und nicht zuletzt an den zu frühen Heiraten. Dagegen schlug der Iserlohner Landrat P. E. Müllensiefen 1817 der preußischen Regierung vor: »Noch ein wirksames, den höheren Staatszwekken entsprechendes Mittel zur Veredlung der physischen und sittlichen Menschennatur scheint mir die Erschwerung des Heiratens dazubieten, welche dadurch erreicht werden kann, daß niemand eher heiraten dürfe, bevor er die Fähigkeit zu einer seinem Stande angemessenen Ernährung seiner Familie vor der Obrigkeit überzeugend nachgewiesen«.[59] In Preußen blieb es bei dem Vorschlag, in den meisten süddeutschen Städten und in Sachsen aber gab es entsprechende Gesetze.[60] In manchen Städten, in Hamburg zum Beispiel, wurde die Erlaubnis zur Eheschließung mit dem Bürgerrecht, d. h. mit der Zahlung eines Bürgergeldes verbunden, das von den Angehörigen der Unterschicht nicht aufgebracht werden konnte.[61]

Verbote und Eingriffe dieser Art trafen freilich nie die Unterschichten insgesamt, sondern im aktuellen Fall immer nur den einzelnen. Es kam deshalb auch nicht zu offenen Protestaktionen, sondern nur zu individuellem Widerstand, etwa zu »defensive[r] Arbeitsverweigerung und Müßiggang« (Kaschuba/Lipp); oder man unterlief das Heiratsverbot und lebte in »wilden Ehen« zusammen. Das waren Äußerungsformen von Protest, gegen den die Obrigkeit auch vorging. So drohte der Hamburger Senat 1835 allen im Konkubinat Lebenden Gefängnisstrafen an.[62]

Mit offenen Protestaktionen hingegen verteidigten im 19. Jahrhundert die Unterschichten ihre plebejischen Trinkgewohnheiten gegen die Maßregelungen durch bürgerliche Mäßigkeitsvereine. Bei der sogenannten Hamburger Branntweinemeute drang der »Pöbel« in die Aula des Gymnasiums ein, in der der Mäßigkeitsverein tagte und zertrümmerte dort Stühle, Bänke, Katheder und Orgel. In einem Lied, das damals entstand, heißt es in einer Strophe, die sich an die bürgerlichen Vertreter des Mäßigkeitsvereins wendet:

»Wir wollen ihn nicht haben
Den Mäßigkeitsverein,
Behalt die Liebesgaben
Für Euch, für euch allein
[...]
Ihr müßt Euch heuchelnd laben,
Wir thun es frei, schenkt ein.«

Auch in Berlin störte der »Pöbel« in den 1830er Jahren »handgreiflich« die Versammlungen des Mäßigkeitsvereins.[63]

Wie die Subsistenzproteste so waren auch die Normenproteste reaktiv. Es waren Versuche, gegen die aufgeklärten und später liberalen Vorstellungen des Bürgertums die überlieferten Wertvorstellungen, die überkommene Alltagskultur, die gewohnte Lebensweise zu retten. Die Unterschichten hatten der vom Besitz- und Bildungsbürgertum getragenen Entwicklung jedoch keine zukunftsbezogene Perspektive entgegenzusetzen. Diese entwickelte sich erst in der Arbeiterbewegung.

Anti-Gewaltproteste

Sowohl bei den Subsistenz- als auch bei den Normenprotesten gerieten die Unterschichten immer dann mit der Obrigkeit in Konflikt, wenn diese nicht für die Subsistenzsicherung gesorgt oder wenn sie bei der Gesetzgebung nicht auf die überlieferten Normen und Moralvorstellungen Rücksicht genommen hatte. Ein weiteres Konfliktpotential zwischen Unterschichten und lokaler Obrigkeit wurde aktuell bei Protestaktionen gegen Übergriffe der Obrigkeit, des Militärs oder von Bürgergarden, gegen mißliebige oder korrupte Beamte, gegen schikanöse Bestimmungen, vereinzelt auch gegen Modernisierungsmaßnahmen des Staates.

Diese Anti-Gewaltproteste konnten ganz geringfügige Ursachen haben. In Hamburg führte 1795 zum Beispiel schon ein Vorfall bei der Werbung für die französische Emigrantenarmee, die Pressung eines Malers in die Armee, zu einem mehrere Tage dauernden Protest. Auf dem Höhepunkt versuchte der »Pöbel« das Haus eines Emigranten niederzureißen und »auch den Mahler, der als Urheber des Tumults nach der Hauptwache inzwischen gebracht worden war, mit Gewalt herauszuholen«.[64] Die Menge sah in seiner Gefangensetzung einen Gewaltakt der Polizei und versuchte ihn deshalb zu befreien, den Emigranten aber als eigentlich Schuldigen zu bestrafen. Das Mandat des Hamburger Senats »wider Aufläufe und Tumulte« von 1796, nicht zuletzt wegen des Protests von 1795 erlassen, nahm darauf mit der Feststellung Bezug: »Es hat nemlich die Erfahrung leider nur zu häufig gelehrt, daß in dieser volkreichen Stadt ein Anfangs ganz unbedeutender Auflauf, wenn solchem nicht sogleich mit allem Ernste gewehrt wird, sehr leicht in einen förmlichen Tumult übergeht, wodurch denn nicht nur das Leben mehrerer Menschen in Gefahr, sondern auch die ganze Stadt in Unruhe und Besorgniß versetzt, und der ruhige Erwerbfleiß des rechtschaffenden Bürgers gestöhrt wird«.[65] Das war in Hamburg bereits 1791 geschehen, bei dem großen Streik der Manufakturarbeiter, als es nach einem Protestzug zu Auseinandersetzungen zwischen Militär und Manufakturarbeitern gekommen war. Nach Darstellung des Senators J. A. Günther trugen die Gesellen die Schuld: »Schon am Mittwoch Abend hatte der Pöbel angefangen, sich haufenweise zusammen zu rotten; in gleichen Aufzügen, wie die Handwerksgesellen, aber nicht, wie diese, mit Ordnung und einer gewissen Art von Anstand, sondern in wildem Tumult, mit lautem Geschrei durch die Straßen zu ziehen: hauptsächlich die auf den Cattunfabriken arbeitenden jungen Burschen, und die bey den zahlreichen hiesigen Zuckerfabriken in Dienst stehenden Knechte. Letztere versuchten es, sich erst den Zimmerleuten, und dann den Schustern zur Beyhülfe anzubieten, wurden aber bey beiden abgewiesen; bewafneten sich dann mit den Trümmern eines zerstörten Geländers, wagten es, eine Wachpatrouille thätlich zu insultieren, und veranlaßten dadurch, daß einer von ihnen durch einen Schuß tödtlich verwundet wurde.«[66] Es bleibt in dem Bericht des Senators offen, wodurch es zu der ›Insultierung‹ kam: ob das Stadtmilitär den Protestzug aufzulösen versucht hatte oder ob es ihm den Weg versperrte und das den Zusammenstoß auslöste.

Die Eskalation wurde vielfach dadurch herbeigeführt, daß das Militär oder die Bürgergarde angebliche »Rädelsführer« festnahm. Die Versuche von Angehörigen der protestierenden Unterschichten, diese Rädelsführer zu befreien, bildeten dann meistens den Höhepunkt des Protests. Solche Versuche wiederholten sich häufig und waren sogar noch für die frühe Arbeiterbewegung der 1860er Jahre typisch. Als 1865 in Iserlohn der Agitator Hillmann vom Bürgermeister verhaftet wurde, reagierten die Arbeiter in der traditionellen Form des Anti-Gewaltprotests: sie zertrümmerten die Scheiben des Rathauses und versuchten, den verhafteten Agitator zu befreien.[67]

Zu Anti-Gewaltprotesten kam es häufig im Anschluß an Subsistenzproteste, nämlich wenn die Ruhe schon wiederhergestellt war und die Obrigkeit dann noch Militär einsetzte. Ein extremer Fall dieser Art ist der Solinger Protest von 1795. Dort waren die Bäcker von Protestierenden für »Wucher« durch »die Wegnahme von Brod und Mehl« bestraft worden. Ein paar Tage später ließ der Amtsverwalter Reinharts ein Exekutionskommando aus Barmen anrücken, wohl nicht zuletzt auch zu seinem eigenen Schutz; denn nach Meinung des Volkes war er an dem »Wucher« beteiligt gewesen und hatte von allen Bäckern einen Teil des Gewinns bekommen. Die Einquartierung des Militärs führte zum Protest, der sich nun gegen den korrupten Amtsverwalter richtete, dessen Haus zerstört wurde. Die Soldaten wurden in die Flucht geschlagen.[68]

Die Anti-Gewaltproteste spielten sich fast ausschließlich auf lokaler Ebene ab und hatten defensiven Charakter. Ihre Ziele lagen weitab von denen der Bürger. Diese wurden nicht selbst auf der Straße aktiv, sondern nutzten den Unterschichtenprotest, um von der in Schwierigkeiten geratenden Obrigkeit Beteiligung an der Macht sowie politische und wirtschaftliche Modernisierung zu verlangen.[69] Deutlich drückt dies nach den Protesten von 1847 der württembergische Liberale Julius Hölder in einem Brief an seinen politischen Freund Karl Mayer aus: »Ich benutze die Unruhen so gut es geht, um in dem Gespräche der Regierung möglichst viel in die Schuhe zu schieben und dieselben für die liberale Partei auszubeuten ...«[70] Aber schon lange vorher, schon in den 1790er Jahren nutzte das Bürgertum Anti-Gewaltproteste von Unterschichten für sich aus. Die »rathäusliche Neuordnung« in Breslau von 1794, d. h. die neue Magistratsordnung, die dem Bürgertum eine, wenn auch eingeschränkte Mitbestimmung einräumte, war das Ergebnis eines Unterschichtenprotests. Er hatte am 26. 4. 1793 als Ehrenprotest der Gesellen begonnen, war aber schließlich zu einem Unterschichtenprotest geworden, der sich gegen den korrupten Polizeidirektor Werner richtete. Seine Wohnung und das Bordell für Offiziere wurden vom Pöbel gestürmt. Werner wurde daraufhin von dem Provinzialminister von Hoym auf die Festung Neiße geschickt. Der Sturz Werners war durchaus auch im Sinne des Bürgertums. Es lehnte Werner nicht nur wegen seines herrischen Wesens und der Rücksichtslosigkeit ab, mit der er sich bereicherte, sondern verübelte ihm auch die Beseitigung der alten Repräsentantenverfassung. Während der Pöbel sich mit dem Sturz Werners und der Zerstörung des Offiziersbordells zufriedengab, nutzte das Bürgertum die Schwäche des Systems und erreichte die Einrichtung einer Repräsentantenversammlung, der drei bürgerliche Stände angehörten.[71]

Ähnliches spielte sich 40 Jahre später, im September 1830, bei den Leipziger Unruhen ab. Während »der Leipziger Pöbel« die Wohnungen mehrerer Ratsherren und Polizeibeamten »demolierte« und ebenfalls »einige verrufene Häuser [verwüstete], deren Damen sich der geheimen Gunst der Stadtbehörden erfreuten«, sahen die Bürger schadenfroh zu.[72] Sie nutzten aber die Verwirrung der Behörden durch die Unruhen aus und gründeten politische Vereine, reichten Petitionen ein und verfaßten Resolutionen. Ein offiziöser preußischer Beobachter analysierte die Situation aus Regierungssicht treffend, wenn er »mit Betrübnis« auf die Staaten hinwies, »wo durch die verächtlichste Menschenklasse Revolten begannen, die der Bürger zuerst zu verabscheuen schien, dann aber sich verleiten ließ, den Gang ihres scheinbaren Erfolgs für Konzessionen zu benutzen, welche die Regierungen, vorschnell und gewiß unheilbringend für beide Teile, ihnen gewährten«.[73] Die »rohe Faust des Ungebildeten«, so beurteilt ein anderer zeitgenössischer Beobachter die Leipziger Ereignisse, schuf die Voraussetzung dafür, daß »der Gebildete seine Meinung« äußern konnte.[74] Das gilt freilich nur für die Regionen, wo das Bürgertum – in den absolutistischen Staaten des 18. und den autoritären des 19. Jahrhunderts – nichts zu sagen hatte. Wo es, wie in den Stadtstaaten, selbst die Obrigkeit stellte, wurden alle Tumulte des Pöbels entschieden unterdrückt, versetzten sie doch »die ganze Stadt in Unruhe und Besorgnis« und »störten den ruhigen Erwerbsfleiß des rechtschaffenen Bürgers«.[75]

Sowohl in Breslau als auch in Leipzig waren die Anti-Gewaltproteste der Unterschichten dem Bürgertum sofort nicht mehr genehm, als es seine Ziele erreicht hatte. Wer wußte schon genau, ob der Pöbel seinen Zorn nur gegen mißliebige Beamte richtete? Sobald die Proteste ihre Mobilisierungsfunktion erfüllt hatten, wurden sie vom Bürgertum oder mit seiner Hilfe unterdrückt.[76] Dann war der Augenblick gekommen, wo man auf den Pöbel »feuern« mußte, wie das Julius Hölder in aller Deutlichkeit aussprach.[77] Dann stand den Protestierenden aus den Unterschichten die Bürgerwehr gegenüber, die vor allem eingriff, wenn bürgerliches Eigentum bedroht schien. Selbst in der Revolution 1848/49 gab es diesen Gegensatz. Am 16. Oktober 1848 kam es in Berlin zu einer blutigen Auseinandersetzung zwischen den Kanalarbeitern und der Bürgerwehr. Die Arbeiter hatten versucht, eine Pumpe zu zerstören, die, wie sie meinten, ihnen Lohn und Brot nehmen würde. Die Erbitterung war auf beiden Seiten groß. Die Arbeiter waren nur mit Stangen, Latten und Knütteln bewaffnet, kämpften aber auf ihren Barrikaden gegen die mit Gewehren ausgerüstete Bürgerwehr. Elf Menschen, vor allem Arbeiter, kostete dieser Kampf das Leben.[78]

Das Bürgertum versuchte, durch die Proteste im Staat Einfluß zu bekommen, die Ziele der Unterschichten dagegen beschränkten sich auf lokale Belange. Sie protestierten 1845 in Berlin gegen das Rauchverbot auf Straßen, sie gingen 1831 in der Hamburger Vorstadt St. Georg mit Protestaktionen gegen die Torsperre vor, 1848 in Wien gegen die »Steuerlinie« an der Stadtgrenze, wo eine »Verzehrungssteuer« erhoben wurde, die vor allem die Grundnahrungsmittel erheblich verteuerte.[79]

Proteste dieser Art waren nicht Protest für eine Modernisierung des Staates, sondern richteten sich gegen schikanöse Bestimmungen oder kleinliche Zollverordnungen. Von den Zollverordnungen wurden vor allem die in der Stadt arbeitenden Unterschichten der Vorstädte betroffen. Weitergesteckte politische Ziele sind nicht nachweisbar.[80]

Es scheint paradox: die Unterschichten stellten für das Bürgertum die Sturmtruppen im Kampf um die Modernisierung nicht nur des Staates, stimmten aber mit den Zielen des Bürgertums nicht überein. Im Gegenteil! Zahlreiche Aktionen richteten sich auf lokaler Ebene gerade gegen die Modernisierung, an der das Bürgertum interessiert war. Das gilt vor allem für die zahlreichen Proteste gegen die Weideverbote in den Stadtwäldern. Die Verbote sollten eine Wiederaufforstung der Wälder ermöglichen. Dagegen steht die wichtigste Forderung zum Beispiel der Iserlohner Arbeiter während ihres Protests in den Märztagen 1848: »Die in den letzten zwei Jahren im obersten

Berge geschehenen Anpflanzungen sollen unverzüglich entfernt und solchergestalt die Hude [= Weide] in gedachtem Districte wieder frei gegeben werden«.[81] Auch bei den Protesten der Berliner Arbeiter während der Revolution von 1848/49 zeigen sich »konservative Positionen und Orientierungen«, die eher innovationshemmend als innovationsfördernd waren.[82]

Nach der Revolution verlor das Bürgertum sein Interesse an den Anti-Gewaltprotesten. Es stellte sich auf die Seite des Staates, nachdem die Bürgergarden das Militär schon im Vormärz bei den Fabrikprotesten unterstützt hatten. Für die Unterschichten wurden die Proteste gegen die lokalen Obrigkeiten nach der Revolution immer erfolgloser. Sie hielten sich aber bis in die frühe Arbeiterbewegung, wie die Ereignisse bei der Gründung des ADAV in Iserlohn zeigen. Die Arbeiterbewegung trat jedoch für neue Formen der Auseinandersetzung ein. Sie propagierte nicht mehr den Protest, sondern politische und ökonomische Aktionen.

2. Kapitel: Moral und Rechtsbewußtsein der Protestierenden

Die politische Kultur der Unterschichten

Der Protest in Rostock 1790

Über die erste große Protestaktion der 1790er Jahre in Deutschland, einen Subsistenzprotest, der sich im Oktober 1790 in Rostock ereignete, schreibt das »Journal von und für Deutschland«:

»Zu Rostock entstand ein bedenklicher Aufstand über die Theurung des Getraides und der Butter. Der Pöbel zerstörte sehr bedeutende Häuser. Der erste Angriff war auf einen der vorzüglichsten dortigen Gasthöfe gerichtet. Der Wirth zog sich indeß ziemlich gut aus der Sache, indem er den ungebetnen Gästen seinen Weinkeller eröffnete und sich erbot noch mehr kommen zu lassen, wenn ihnen das, was darin war, nicht hinreichend wäre. Von da begaben sie sich zu dem Agenten Wigert, einem Kornhändler, der den Sturm anfangs dadurch von sich ablenkte, daß er dem Volke 10000 rthlr. bot. Aber nachdem der Pöbel von da zum Zuchthaus gezogen war und unter andern drei Matrosen befreyt hatte, welche wegen eines an H. Wigert verübten Diebstales gefangen saßen; so führten diese, nichts als Rache athmend, den Pöbel wieder vor Wigerts Haus, zerstörten es von Grund aus, warfen das Geld, das man fand, in einen Graben, mischten die verschiednen Getraide Arten durch einander, banden Hrn. Wigert, und mißhandelten seinen einzigen Sohn, der an den Folgen des Schreckens gestorben ist. Alles Getraide, was jetzt nach Rostock kommt, wird vom Pöbel am Thore angehalten, man setzt einen mäßigen Preiß fest und wenn der Verkäufer nicht damit zufrieden ist, so nimmt man es ihm ohne Gnade und Barmherzigkeit weg.«

Sechs Tage später heißt es in einem weiteren Bericht:

»Die Ruhe ist in Rostock wieder hergestellt. Schon sitzen über 100 der Aufrührer im Arrest, und die Zahl derselben vermehrt sich noch täglich. – Alles was Hände und Füße hat, alles was Liebe zur Ruhe und zum Frieden in sich fühlte, hat das Gewehr genommen. Aerzte und Professoren sind auf die Wache gezogen um dem Unwesen zu steuern, und so ist es denn auch gelungen. Gestern sprach ich einen Mann, der während dieser ganzen Schreckensperiode in Rostock gewesen ist, er versicherte mir, wer diesem nicht selbst beygewohnt hätte, könnte sich keine Idee von dieser Zerstörung und Verwüstung in den Häusern der geplünderten Kaufleute machen. Alles darin hat der Pöbel zerbrochen, zerhauen, zerrissen und zerschnitten, kein Stück ist verschont geblieben. Vor den Häusern ist man bis an die Knie in Federn gegangen, die sie aus dem aufgeschnittenen Bettzeug dahin geschüttet hatten, dann ist man auf große Haufen zerrissenen und zerschnittenen Leinenzeugs von der schönsten feinsten Art, dann auf die kostbarsten prächtigsten, ganz zertrümmerten Möbel gestoßen. In den Kellern hat der Wein Ellen hoch gestanden; so hat der Geist der Verwüstung dort gräßlich gehaußt, und nicht so sehr Eigennutz als Rache an denen, die ihnen die Lebensmittel aller Art so sehr vertheuerten, daß sie Hunger sterben zu müssen fürchteten; hat sie geführt. Nicht gegen den Herzog waren sie aufgebracht, nein gegen ihren Rath, der größtentheils aus diesen Kaufleuten bestand, wütheten sie; denn mit dem Ausruf: Nieder mit dem Magistrat, es lebe Herzog Friedrich Franz! Er sey unser erster Bürgermeister! zogen sie durch die Straßen. Man schickt jetzt wieder von allen Seiten Korn dahin, freylich ist der Preiß um etwas gefallen, aber er war auch in kurzer Zeit zu einer unerhörten Höhe gestiegen«.[1]

Moral und Rechtsbewußtsein

Am Schluß der beiden Berichte werden einige Tatsachen mitgeteilt, die für die Moral, das Rechtsbewußtsein, die politische Kultur der Unterschichten überhaupt aufschlußreich sind: Der Pöbel kontrollierte alle Getreidetransporte, die nach Rostock kamen, und setzte unter Androhung der Wegnahme einen »mäßigen Preis« fest. Er drang in die Häuser der Kaufleute ein und verwüstete dort alles, doch nicht aus »Eigennutz«, sondern aus »Rache an denen, die ihnen die Lebensmittel aller Art so vertheuerten, daß sie Hunger sterben zu müssen fürchteten«. Wut und Empörung richteten sich nicht nur gegen die Kaufleute, sondern auch gegen den Magistrat, »der größtentheils aus diesen

Kaufleuten bestand« und der es nicht verhindert hatte, daß der Preis »in kurzer Zeit zu einer unerhörten Höhe gestiegen« war. Den Herzog, ihren Landesherrn, ließen die protestierenden Unterschichten dagegen hochleben. Im Monarchen sahen die protestierenden Unterschichten – das zeigen auch die gleichzeitigen Hungerproteste in Schwelm und Herdecke – den Garanten ihres Rechts gegenüber dem Magistrat.

Zehn Jahre später, im Oktober 1800, kam es in Rostock erneut zu Hungerprotesten. Wieder wurden Kaufmannshäuser zerstört, wieder setzte der Pöbel eigenmächtig den Getreidepreis fest. Als Gründe nannte ein Zeitgenosse, ein Amtmann: die hohen Gewinne, welche die Kaufleute bei Exportgeschäften nach England erzielt hatten, und den Reichtum, den sie in »luxuriösem Wohlleben« zur Schau stellten, ferner die durch die Exporte eingetretene Knappheit und Verteuerung am Ort, die bei der »geringen Volksklasse« zu Hunger und dann zum Aufruhr führten.[2]

Wie in Rostock verhielten sich die Unterschichten während der Hungerjahre 1795, 1800 und 1805 in den märkisch-westfälischen Protoindustrieorten Witten, Herdecke und Schwelm, in den norddeutschen Hafenstädten Flensburg, Altona, Barth/Pommern, Güstrow und Wolgast, ebenso in Halle an der Saale, Wettin und Aschersleben: das Exportgetreide wurde requiriert und mußte von den Kaufleuten größtenteils auf dem heimischen Markt zu einem »gerechten Preis« angeboten werden. Auch in diesen Städten kam es zu Zerstörungen, in Halle z. B. mit der Begründung: »Wir haben lange gehungert! Dem Kerl [einem Kornhändler] muß alles ruiniert werden!«[3]

Bei den Aktionen kamen Mißhandlungen vor, insbesondere wenn die Kaufleute sich wehrten oder Hilfe herbeiholten. Gezielte Gewaltaktionen gegen Menschen aber sind für die Hungerproteste der 1790er Jahre und auch später nicht überliefert. Das schließt Handgreiflichkeiten bei den Auseinandersetzungen und auch Schlimmeres nicht aus, wie der eingangs zitierte Bericht über den Hungerprotest in Rostock zeigt. Trotzdem wird in Anklageakten häufig ausdrücklich hervorgehoben, daß Gewalt an Personen nicht verübt worden sei.[4]

Moral und Rechtsauffassung der Unterschichten basierten auf der Vorstellung einer *moral economy*: der Vorstellung, daß Waren zu einem »mäßigen Preis« angeboten werden müssen.[5] In Deutschland hatte die Obrigkeit als »gute Policey« bis weit ins 18. Jahrhundert hinein auch dieser Vorstellung entsprechend gehandelt. Der Staatswissenschaftler v. Justi vertrat 1760 in seiner an die Regierungen gerichteten »Grundfeste zu der Macht und Glückseligkeit der Staaten« die Maxime, daß »die Vorsorge der Regierung ... ihre Aufmerksamkeit dahin richten [müsse], daß die Lebensmittel im Lande allemal zureichend vorhanden sind, daß dieselben in mäßigem Preise stehen und keine Theurung einreiße«.[6] Das erforderte u. a. die Errichtung von Kornmagazinen. In Teuerungszeiten konnte die Regierung dann durch die Abgabe von Getreide auf den Preis einwirken. Preußen, für das die Magazine ein sehr wichtiges Instrument seiner Kriegspolitik waren, entdeckte ihren Nutzen auch für die Sozialpolitik, vor allem in Protoindustriegebieten. So stiftete Friedrich Wilhelm II. 1786 bei einem Besuch in der Grafschaft Mark 12365 Rt zur Errichtung eines Kornmagazins, »um egale Preise zu jeder Zeit beizubehalten«.[7] Als die Kriegs- und Domänenkammer in Hamm die Errichtung dieses Kornmagazins verschleppte und zu verhindern suchte, kam es in Altena schließlich zum Aufruhr. 1795 brachten die »tumultuierenden Altenaer« den Fabrikenkommissar F. A. Eversmann »an einen Pferdeschweif gebunden« nach Altena und drohten ihm an, »wenn ich ihnen dort nicht ein Capital von 12000 Rt auszahlen lassen würde, mich von der Brücke in die Lenne zu stürzen«.[8] Im selben Jahr versuchten die Einwohner von Rothenburg ob der Tauber, bei ihrem Magistrat mit Gewaltaktionen die Errichtung eines Kornmagazins zu erzwingen.[9]

Mit Kornmagazinen allein war jedoch den in Hungerjahren steigenden Getreidepreisen nicht beizukommen. Wirkungsvoller waren Exportsperren für Getreide; in Hungerzeiten gehörten sie ebenfalls zum sozialen Instrumentarium der »guten Policey«. In Preußen freilich hätte eine Exportsperre den Interessen des ostelbischen Adels widersprochen. Er sorgte politisch dafür, daß auch in Notzeiten die Grenzen für den Getreideexport nicht geschlossen wurden.[10]

Mit dem Fortschreiten der Industrialisierung in England und den damit zusammenhängenden Getreidekäufen auf dem Kontinent setzten sich in den europäischen Ländern allmählich Adam Smiths marktwirtschaftliche Ideen durch. Für die Unterschichten war es unmoralisch, wenn Kaufleute in einer Notzeit knappes Getreide exportierten und es dadurch auf dem heimischen Markt nur wenig zu einem unerschwinglichen Preis oder auch gar keines gab. Die Wirtschaftstheoretiker des ausgehenden 18. Jahrhunderts sahen das anders. Sie argumentierten, daß es sich über längere Zeit hin nur positiv für ein Land auswirken könne, wenn trotz vorübergehender Teuerung durch den Export Geld ins Land komme.[11] Für einen großen Teil des Volkes, dem Handwerker bis zum Tagelöhner, aber war das unverständlich. Er orientierte sich weiterhin am »Brotnexus«. Das heißt: der Lebensunterhalt sollte dadurch gesichert sein, daß Brotpreis und Löhne in einem angemessenen Verhältnis zueinander standen. Dafür zu sorgen war die Obrigkeit verpflichtet. Tat sie das nicht, hielten die Unterschichten sich aufgrund ihrer Moralvorstellungen für berechtigt, durch entsprechende Aktionen den Wucher zu verhindern. Diese Orientierung am »Brotnexus« hielt sich bis weit ins 19. Jahrhundert. Auch die »Lohnstreiks« der 1790er Jahre und des Vormärz, die zur Orientierung am »Lohnnexus« überleiteten, waren noch stark auf den Brotpreis fixiert. Die »Streikenden« forderten zwar nicht, daß er herabgesetzt werde, aber sie wollten eine zeitweilige Lohnerhöhung, um sich das teuere Brot kaufen zu können. So verlangten die Hamburger Taglohnschneider 1795 »bey den jetzigen hohen Preisen fast aller Lebensnothwendigkeiten, besonders des Brods ... eine Zulage«.[12] Für die Festsetzung der Löhne war weitgehend die städtische Obrigkeit verantwortlich. Ihre Aufgabe war es auch, Preise und Löhne in ein einigermaßen stimmendes Verhältnis zu bringen. Dementsprechend begründeten die Maurergesellen in Greifswald 1795 ihre Eingabe an den Magistrat damit, daß »alle Lebensbedürfnisse sehr hoch im Preis gestiegen ... dagegen unser Taglohn nicht um einen Schilling verhöhet worden«.[13] Welche Rolle der Brotpreis spielte, zeigt auch die Forderung der Güstrower Handwerksgesellen und Tagelöhner, daß ihr Lohn »an einer bestimmten Menge Roggen gemessen« werden solle.[14]

Für die Obrigkeit dürfte es häufig einfacher gewesen sein, bei den Zunftmeistern eine zeitweilige Lohnerhöhung für die Gesellen durchzusetzen, als eine allgemeine Herabsetzung des Getreidepreises zu erreichen. In diese Richtung weist es, wenn der für die Hamburger Maurerzunft zuständige Senator 1795 bei einem »Lohnstreik« vorschlug, daß »die etwa den Gesellen zu bewilligenden Vortheile nur als eine außerordentliche Maßregel und temporelle Begünstigung bei gegenwärtigen hohen Getreidepreisen, die wenn die Preise auf ein gewisses fallen, von selbst wieder aufhört, zugestanden« werden.[15] Für die Gesellen konnte im übrigen selbst eine zeitlich begrenzte Erhöhung des Lohns negative Folgen haben. Der Lübecker Rat zum Beispiel versuchte 1799 die Heraufsetzung der Maurerlöhne durch Verlängerung der Arbeitszeit, Verringerung der Feiertage und Abschaffung des blauen Montags zu kompensieren.[16] Solche und ähnliche Versuche haben es den Gesellen vermutlich geraten erscheinen lassen, sich nicht nur auf »Lohnstreiks« zu verlassen, sondern sich auch an Marktprotesten zu beteiligen. Das könnte erklären, warum selbst in der Teuerung von 1847 die Marktproteste weit vor den Lohnkonflikten rangierten. Die Preisfestsetzung durch das Volk, die *taxation populaire,* war erfolgversprechender als Lohnproteste.[17]

In dem vorn beschriebenen Rostocker Protest von 1790 wurden den Kaufleuten nicht einfach nur die gehorteten Lebensmittel weggenommen, sondern es wurden systematisch Attribute des Reichtums – Bettzeug, feines Leinen, kostbare Möbel, Weinfässer – vernichtet. Die schwerste Strafe traf den Kornagenten Wigert. Ihm wurde das Haus zerstört, sein Sohn wurde mißhandelt und starb. Das erscheint ganz unangemessen, bezieht man es nur auf die Strafe für die drei Matrosen, die bei Wigert gestohlen hatten und die der Pöbel aus dem Gefängnis befreite. Eine Aktion genau zehn Jahre später, beim Hungerprotest im Oktober 1800, kann vielleicht nachträglich das rücksichtslose Vorgehen von 1790 erklären. 1800 zwang der Pöbel den Postdirektor von Rostock zu sagen, »welche Kaufleute vor kurzem Geldremessen zum Getreidekauf für Rechnung Englands erhalten hatten«. Der Postdirektor mußte »unter diesen auch den Agenten Wigert nennen, der namhafte Pöste ... eingezogen hätte«.[18]

Wie bei dem Protest von 1790 so war es nach Angaben eines bürgerlichen Beobachters auch 1800 die »Maxime der Empörer, alle vorzüglich begüterten Kaufleute und Rathsgenossen durch Zerstörung ihrer Wohnungen, Beraubung und Ausplünderung zu demühtigen«. Die Begründung lautete: »... da die Obrigkeit nicht helfen will, so müssen wir uns selbst helfen.«[19]

Die Hungerproteste in Rostock und anderen Städten zeigen, daß es den Unterschichten nicht nur um Selbsthilfe in dem Sinne ging, daß sie die Ausfuhr von Lebensmitteln verhinderten und Händler zu einem »gerechten« Preis zwangen. Ein ebenso wesentliches Element des Protests war die »Bestrafung« des Übeltäters. Der Kaufmann, der durch »Wucher«, auf Kosten der Hungernden, Reichtum erworben hatte, wurde dafür bestraft, indem man ihm seine Luxusgegenstände oder gar sein Haus zerstörte. Mitunter wurden solche Bestrafungsaktionen sogar von Organen der Obrigkeit zumindest verständnisvoll beurteilt. Dafür ein Beispiel aus Solingen. 1795 hatte die Menge dort wegen der im Amt Solingen höher als in der Stadt festgesetzten Brotpreise die Bäckereien und das Haus des Amtsverwalters zerstört, der den »Wucher« der Bäcker vermutlich zum eigenen Vorteil gedeckt hatte. Der Solinger Magistrat, dem Amtsverwalter allerdings auch nicht wohlgesonnen, verknüpfte dies beides in einem Schreiben an den Landesherrn, den bayrischen Kurfürsten, fast schon entschuldigend, zumindest sachlich erklärend. Er betonte, daß »das einzige Rächungsmittel, das die aufgebrachten Leute übrig zu haben glaubten ... die Zerstörung des Hauses zur Folge hatte«, zumal »der Wucher in einem Zeitpuncte [sich ereignete], wo dem Fabrikarbeiter die Mittel zur noththürftigsten Nahrung schwer fallen.«[20] Noch weiter ging in demselben Jahr 1795 ein anderer Vertreter der Obrigkeit, der Landrichter Goecke in Altena. Er sah die Schuld für gewalttätige Aktionen bei der Obrigkeit selbst: »Ich bin bei mir überzeugt, daß die Einwohner einer Stadt nie zu Aufwiegelungen übergehen werden, wenn die vorgesetzte Obrigkeit sich derselben Vertrauen durch ein Zeichen guter und vorsorglicher Handlungen zuzueignen gewußt haben«.[21] Vorsichtige, aber deutliche Kritik an einer solchen Obrigkeit übte der Rostocker Amtmann Eggers nach den Hungerprotesten vom Oktober 1800: »Hier nun, wenn man die Ausfuhr nicht hemmen und beschränken konnte, die Vorkehr zu treffen, daß wenigstens der geringe Mann diese Erhaltungsmittel zu einem, seinem Erwerbe angemessenen, Preise überkomme, war wohl, was man von einer nur irgend vorsorgenden Policei verlangen konnte, und dennoch (ich darf der Aufrichtigkeit nicht zu nahe treten) habe ich nichts dahin abzielendes in Rostock bemerkt«.[22]

Die Strafaktionen von Unterschichten im ausgehenden Ancien régime richteten sich gezielt gegen die »Urheber und Beförderer der Teuerung«. Bürgerliche Beobachter kritisierten die »sinnlose Zerstörung«, zu der es dabei immer wieder kam. Sie hatte aber durchaus ihre Logik und Moral. Das gilt selbst dort, wo der Pöbel bei den Strafaktionen »spolirte«, d. h. wo er den Besitz des »Wucherers« nicht zerstörte, sondern entwendete. So drang er 1794 in Altona in das Haus des Metzgermeisters Lanz ein, der Fleisch exportiert und gleichzeitig für die einheimische Bevölkerung den Preis um 5 bis 8 Schilling pro Pfund verteuert hatte. Der Pöbel zerschlug nicht nur »die schönsten Meublen«, sondern »bemächtigte sich des vorrätigen Geldes, welches an die 30000 Mark gewesen seyn soll und streute es aus, theilte acht noch nicht angehauene Ochsen unters Volk, wie auch 30 Tonnen eingepökeltes Fleisch, so daß besonders die alten Frauen, die an der Stürmung keinen Theil nahmen, sondern nur Geld und Fleisch sammelten, sich am besten dabey standen«.[23] Und als knapp zwanzig Jahre später beim Hamburger Aufstand gegen die Franzosen das Haus des Polizeikommissars gestürmt wurde, der unter anderem auch einen Handel mit, wie man glaubte, widerrechtlich erworbenen Waren betrieb, verteilten die Tumultanten »sein Eigenthum ... an die umstehenden armen Leute«. Nach dem Bericht eines Augenzeugen, des Handwerksmeisters Mettlerkamp, erklärten »die Verteiler ... ein Werk der Gerechtigkeit zu vollziehen«. Mettlerkamp setzte dieses Verhalten in Parallele zur Handwerkerlegende vom heiligen Crispin: »So viel ist gewiß, daß diejenigen, welche sich die Mühe des Ausräumens geben, gleich dem hl. Crispin alles verschenkten«.[24]

Jedenfalls diese beiden Aktionen waren also nicht Raubzüge, sondern gezielte Bestrafungen, deren eigentliche Nutznießer nicht die Akteure, sondern »die alten Frauen«, »die umstehenden armen Leute« waren. Das Verständnis für Logik und Moral des Verhaltens der Protestierenden war jedoch begrenzt. Im Gegensatz zu dem Kommentar des Handwerkers Mettlerkamp wunderte sich der in Altona als Bürgermeister fungierende Präsident Stegmann in seinem Bericht, daß der Pöbel nicht auch »Banque und Lotto« geplündert hatte, obwohl diese sich ohne verstärkte Bewachung nicht weit entfernt von dem Aktionsort befanden und leicht hätten genommen werden können.[25]

Für die Unterschichten war die Aktion gegen den Metzgermeister Lanz keine Rechtsverletzung. Das wird an folgendem ersichtlich. An der Aktion hatten sich auch Schustergesellen beteiligt, die verhaftet wurden und wie der Präsident erklärte, »des Raubes oder Diebstahls geständig« waren. Die Schustergesellenschaft aber sah die Verhaftung der Kollegen als Kränkung an und drohte mit »Streik« aller Gesellenschaften, wenn die Verhafteten nicht freigelassen würden. Nach Ansicht der Gesellenschaften, die im Hinblick auf die Moral ihrer Mitglieder einen sehr strengen Ehrenkodex vertraten, hatten die beim Protest beteiligten Gesellen nichts Unrechtes getan.[26]

Der Pöbel ging bei seinen Bestrafungsaktionen nicht wahllos vor, sondern, wie das Rostocker und das Altonaer Beispiel zeigen, gezielt gegen den einzelnen »wucherischen« Kaufmann. Gegen ihn besorgte man sich auch, wenn möglich, Beweismaterial, wie 1800 in Rostock, wo vom Postdirektor Angaben über die Gelder für Exportgeschäfte erpreßt wurden. Auch nahm man aus den Geschäften des betreffenden Kaufmanns nicht kurzerhand alles mit, sondern nur die Waren, mit denen der Betreffende »Wucher« betrieben hatte. So verwüstete der Rostocker Pöbel im Oktober 1800 zwar einem Kaufmann das Haus, zerstörte Spiegel, Glas und Betten, ließ aber »dessen Warenlager von Tüchern geschont«.

Als später im Vormärz die staatliche Sozialpolitik immer mehr versagte, griffen die Unterschichten in Hungersnöten wie 1830/31 und 1847 verstärkt zur Selbsthilfe.[27] Auch in dieser Zeit handelte es sich primär um gezielte Aktionen gegen Marktweiber und Bauern, die überhöhte Preise verlangten. In Wien, Berlin, Hamburg und anderen Städten kam es zur »Plünderung« von Bäcker- und Gemüseläden, wenn Waren zurückgehalten oder »zu theuer« angeboten wurden. Selbsthilfe und Bestrafung lagen hier eng zusammen. Die Aktionen 1847/48 trafen vor allem kleine Lebensmittelhändler, in den Hafenstädten jedoch auch die großen Kornagenten.[28]

Während in den Unterschichten bei den Hungerkrawallen des Vormärz die traditionellen Vorstellungen der *moral economy* noch lebendig und wirksam waren, und die Bestrafungsaktionen »mit größter Ruhe« durchgeführt wurden, als ob man sich »im größten Rechte befände«, wie ein bürgerlicher Beobachter 1847 anläßlich einer Aktion in Marienwerder feststellte, orientierten sich bürgerliche Öffentlichkeit und Staat immer stärker an bürgerlichen Eigentumsbegriffen und kapitalistischen Marktmechanismen.[29] Die Moralvorstellungen der Unterschichten und des Bürgertums drifteten immer weiter auseinander. Das konnten auch die gemeinsamen Aktionen des Revolutionsjahres 1848/49 nicht überdecken. Dem Bürgertum waren der Pöbel, dessen Moral und dessen Aktionen auch dann suspekt, wenn man ihn für eigene Belange benutzen konnte. Es söhnte sich deshalb auch sehr bald wieder mit dem staatlichen Machtapparat aus, der ja schon bei den Hungerkrawallen im Vormärz die Interessen des Bürgertums gegen die Ansprüche der Unterschichten verteidigt hatte. In den 1790er Jahren hatten die Aktionen der Unterschichten vielfach noch zu einer Duldung der *taxation populaire* durch den Staat geführt, bisweilen sogar zu einer aktiven Unterstützung. Im Vormärz dagegen galt sie, von wenigen Ausnahmen abgesehen, als kriminell. Der Staat vermittelte nun nicht mehr zwischen überkommenen Moralvorstellungen der Unterschichten und den kapitalistischen Interessen des Bürgertums, sondern überließ die Konfliktregelung vielfach privater Initiative.[30]

Die Bestrafungsaktionen

Bei den Strafaktionen von Unterschichten gab es große Unterschiede. Die Vorkommnisse in Altona 1794 waren eine der härtesten Aktionen, die wir aus dieser Zeit kennen. Daß dem »Wucherer« Geld und Waren weggenommen oder vernichtet, dazu seine Einrichtung und das Haus zerstört wurden und er selbst auch noch mißhandelt wurde – das kam ganz selten vor. Die einfachste und häufigste Form der Bestrafung war das Einwerfen der Fenster. Das traf das Opfer in seiner Lebens- und Eigentumssphäre. Eine andere Art der Bestrafung war das Lärmen vor dem Haus, die »Katzenmusik«. Sie wurde vielfach durch das Anbringen von Symbolen bzw. Symbolfiguren an dem Haus oder durch Androhen von Gewalt verstärkt. Eine weiterführende Form der »Katzenmusik« stellt das Lärmen *im* Haus dar. Solche Aktionen richteten sich im ausgehenden 18. Jahrhundert auch gegen aufgeklärte Prediger, die die Lebensweise der Unterschichten kritisierten, und gegen Beamte, die durch bestimmte Maßnahmen Angehörige der Unterschichten in ihrer Existenz bedrohten. Gegen den Ulmer Praeceptor Fischer, der 1796 die vielen »selbstgemachten Feyertage« von der Kanzel herab verurteilt hatte, trieb »mehrere Nächte hindurch ... der aufgebrachte Pöbel einen solchen Lärm mit Schimpfen, Lärmen und Drohen vor seiner Wohnung, daß er endlich die Obrigkeit um Schutz und Hilfe anflehen mußte«.[31] Und bei dem Kaltenkirchener Kirchspielvogt, der den armen Insten nach ihrer Steuerverweigerung die Sachen gepfändet hatte, rückten »ein paar Hundert an der Zahl, fast alle mit Stöcken versehen, unter Singen und Geräusch« in sein Haus.[32]

Typisch für die Strafaktionen der 1790er Jahre in den Städten war die Zerstörung von Luxusgegenständen, in den Augen der Unterschichten: Zeichen des »unredlich« erworbenen Reichtums. Dazu gehörten teure Möbel, Bücher, Kupferstiche, feines Linnen, Bettzeug, Weinfässer (d. h. Wein als Luxusartikel), ferner die Vernichtung von »unredlich« erworbenem Geld und gehorteten Waren. Vereinzelt kam es in den 1790er Jahren auch – nicht erst 1844 beim Weberaufstand, für den Marx das besonders hervorhob – zur Vernichtung von Urkunden und Kaufmannsbüchern, so 1800 in Rostock. Das war eine Strafmaßnahme, die – wie die Katzenmusik – an Formen bäuerlichen Protests anknüpfte. Beispielsweise vernichteten in den 1790er Jahren sächsische und schlesische Bauern Urkunden und Giltbücher ihrer Grund- bzw. Gutsherren.[33]

Vor allem in den aufgeklärten Journalen wurden die Bestrafungsaktionen des Pöbels scharf kritisiert. Wenn dort von »vermeintlichen Rechten« des Pöbels die Rede ist, so zeigt das deutlich die Trennung der Rechtsauffassung von Bürgertum und Staat auf der einen, der Unterschichten auf der anderen Seite. Diese unterschiedlichen Rechtsauffassungen stießen insbesondere dann aufeinander, wenn der Pöbel von der *taxation populaire* abging und gehortete bzw. requirierte Lebensmittel unter sich verteilte. Für ihn war die Rechtssituation in einem solchen Fall eindeutig. Die westfälischen Manufakturarbeiter, die 1795 in Herdecke in ein Kornmagazin eindrangen und unter Androhung von Gewalt die Verteilung des bei einer Blockade requirierten Getreides verlangten, waren überzeugt, im Recht zu sein. Nicht weit davon entfernt, in Schwelm, beschlagnahmten und verteilten zur selben Zeit ebenfalls Manufakturarbeiter Getreide, das trotz Verbots ausgeführt werden sollte. Sie wurden dafür mit 16 Wochen Arrest bestraft. Als die Kriegs- und Domänenkammer in Hamm beim König auf eine schärfere Bestrafung drängte, argumentierten die Manufakturarbeiter in einer Eingabe an den König: »Wir sind leyder! arme und unvermögende doch aber getreue Unterthanen, welche durch ihre Handarbeit und sauren Schweiß das liebe Brodt verdienen müßen; wir sind auch dadurch daß wir über 16 Wochen in Arrest geseßen und während der Zeit unsere Frauen und Kinder fast für Hunger darben müßen; vollents in Armuth gesetzet worden; dahero wir auch vermeinen Rechtlich befugt zu seyn, für Versäumniß und Prostitution, Ersezzung zu fordern, welche uns auch um so mehr gebühret, als wir für keine Tumultanten und Friedensstöhrer angesehn werden können gestalten wir wider die Königliche allergnädigste Edicten nicht gehandelt, sondern solche vielmehr zu beobachten getrachtet haben«.[34] Damit bezogen sie sich auf einen Erlaß der Regierung in Cleve, der die Ausfuhr von Lebensmitteln verbot und für Zuwiderhandlung die entschädigungslose Wegnahme androhte. Das entsprach der Rechtsauffassung der Unterschichten, während es ihr widersprach, wenn der Staat diejenigen bestrafte, die das Getreide in Anbetracht ihrer Not und des »Vergehens« der Exporteure unter sich aufgeteilt hatten. Bei solchen Aktionen gingen Selbsthilfe und Bestrafung zusammen. Rettung vor dem Verhungern und Strafe für Wucher bildeten die moralische Begründung, die für die Unterschichten noch 1847 Geltung besaß.[35]

Eine weitere Steigerung stellte die Zerstörung der Wohnung oder gar des Hauses dar. Sie war sinnfällig und entsprach zugleich dem Symbolverständnis der Unterschichten. Wie der Kaufmann, der Lebensmittel zurückhielt oder dafür einen unbezahlbaren Preis verlangte, die Unterschichten in der Existenz traf – »weil sie Hunger zu sterben fürchteten« –, so wurde ihm der Schutz von Haus und Wohnung genommen. Das konnte sich darauf beschränken, daß ihm nur das Dach abgedeckt wurde, das Haus konnte aber auch so weit zerstört werden, daß bloß das Fachwerk übrig blieb, wie das 1794 in Altona während eines Hungerprotests dem Metzgermeister Lanz geschah.[36]

Bei den Angriffen auf Haus und Wohnung kamen manchmal auch Menschen zu Schaden, oder sie wurden, wie in Rostock, sogar getötet. Das aber waren Ausnahmen. Wenn der Pöbel jemandem den Tod androhte – in Breslau beispielsweise dem Polizeidirektor Werner, in Solingen dem Amtmann Reinharts – dann waren das verbale Kraftakte, nicht ernst gemeint. Man hätte sowohl Werner als auch Reinharts ergreifen und töten können, aber man ließ beide entkommen.[37] Die Gewalt von Protestierenden gegen Personen steht in keinem Verhältnis zu der Gewalt, die sie erleiden mußten.

Aktionen gegen Gruppen

Der Unterschichtenprotest wird in seiner Moral dort fragwürdig, wo er sich nicht mehr gegen einzelne ›Täter‹ und deren Besitz, sondern gegen Gruppen richtete, denen kollektiv ein »Vergehen« vorgeworfen wurde. Das geschah aber nicht oft. Selbst wenn die Protestierenden mit dem Ruf angefeuert wurden: »Zerstört die Häuser der Reichen«, blieb es, wie 1805 in Halle, bei Angriffen auf die Häuser ganz bestimmter Kaufleute. Wiederholt kam es allerdings aus Fremdenhaß zu Aktionen gegen Gruppen, und solche Aktionen hatten eine Tradition, die bis lange vor die 1790er Jahre zurückreicht. Im ausgehenden 17. Jahrhundert waren jüdische Händler, die in den Städten und auf dem Land Waren und Kredite anboten, Opfer solcher Aktionen. Für Hamburg berichtet die Kaufmannsfrau Glückel von Hameln, deren Lebenserinnerungen erhalten sind, daß in den 1690er Jahren »Bootsleute, Soldaten« und Vertreter »andern geringen Volk[s]« jüdische Händler auf der Straße angegriffen.[38] Einen Grund dafür nennt sie nicht. Zur selben Zeit kam es in Franken zu großen Plünderungen jüdischen Besitzes, wobei ländliche Unterschichten und Vaganten gemeinsame Sache machten. Sie überfielen jüdische Händler, reiche und auch arme, und nahmen ihnen Waren und Geld weg. Dabei beriefen sie sich auf den Kaiser, der angeblich einen allgemeinen Pogrom angeordnet hatte, da die Juden an der Teuerung schuld seien.[39]

Hier wirkten mittelalterliche Traditionen nach, deren Träger die katholische, seit dem 16. Jahrhundert auch die lutherische Kirche war. Durch das von ihnen vermittelte Bild vom betrügerischen Juden lag die Aggressionsschwelle besonders niedrig, wenn es galt, jüdischen »Wucher« zu bestrafen. Im 18. Jahrhundert waren antijüdische Aktionen aber selten. Die Kritik aufgeklärter Zeitgenossen, die beklagten, »mit was für einer großen Verachtung der Pöbel noch immer auf seine jüdischen Mitmenschen herabsiehet«,[40] zeigt jedoch, wie lebendig das religiös verwurzelte Vorurteil gegen Juden in den Unterschichten war.

Daß die Juden im ausgehenden 18. Jahrhundert noch als eine einheitliche soziale Gruppe angesehen wurden, entsprach nicht mehr der Realität. Die Tributleistungen, die ihnen abgepreßt worden waren, und die Münzverschlechterungen infolge der schlesischen Kriege hatten viele Juden verarmen lassen und zu einer starken sozialen Differenzierung mit ähnlichen Abgrenzungstendenzen wie in der christlichen Umwelt geführt. Bei Protestaktionen von Unterschichten mußten die vermögenden Juden ebenso um ihren Besitz fürchten wie die reichen Christen, und so ist es nur logisch, daß bei dem Hamburger Protest von 1791 eine Deputation der Juden dem Senat Hilfe anbot »zur Verteidigung dieser Stadt«.[41] Bei diesem Angebot mag auch eine Rolle gespielt haben, daß sich unter dem protestierenden Pöbel zahlreiche streikende Kattunarbeiter befanden und die Hamburger Kattunfabriken weitgehend von jüdischen Manufakturisten betrieben wurden, die mit Recht ihr Kapital gefährdet sahen.[42] Für die vielen Juden, die zur Unterschicht gehörten, dürfte die Deputation nicht gesprochen haben, sie haben vermutlich auf der Seite des Protests gestanden. Auf eine jüdische Beteiligung am Hamburger Volksaufstand von 1813, der sich gegen die französische Besatzung richtete, läßt es schließen, wenn Jakob Audorf d. Ä. in seinen Lebenserinnerungen von einem »großen Judenjungen« berichtet, der zur »Avantgarde der Angreifer« gehörte.[43]

In der Restaurationszeit, im Vormärz und auch in der Revolution von 1848/49 kam es wiederholt zu antijüdischen Pogromen. Die erste große Pogromwelle ging im August 1819 über die süddeutschen Städte Würzburg, Mannheim, Karlsruhe, Brühl, Bruchsal und Heidelberg hinweg und griff am 1. September auf Hamburg über. Die Kettenreaktion legt die Annahme nahe, daß sich erhebliche Aggressionen gegen die jüdische Minderheit aufgebaut hatten, obwohl die Gleichstellung, die ihr in der napoleonischen Ära in einzelnen Territorien zugestanden worden war, nach 1815 rückgängig gemacht oder eingeschränkt wurde. Von den Unterschichten gingen die Aktionen nicht aus, entgegen entsprechenden Behauptungen in der zeitgenössischen Presse.[44] Schon in den 1790er Jahren war bei Protesten v. a. von Zunfthandwerkern die Forderung erhoben worden, jüdische Händler vom Markt zu verdrängen.[45] Und für den Pogrom von 1819 ermittelte der Regierungskommissar von Hertling, der in Heidelberg die Untersuchungen führte: »Als Motiv der Judenmißhandlung gibt man allgemein derselben [der Juden] schnelles Emporkommen in allen Bereichen, deren angebliche Begünstigung durch die Regierung, sodann den Handwerksneid an, weil einige Juden verstattet wurde, mit Meubles zu handeln«.[46] Der Judenhaß und die Pogrome wurzelten in der Angst der kleinen Kaufleute und Handwerker, die jüdische Konkurrenz könnte das in die Krise geratene Handwerk gänzlich vernichten. Diese Angst führte zu einer Verkennung der Wirklichkeit. Man nahm die Ursachen der gesellschaftlichen Veränderungen nicht wahr oder wollte sie nicht wahrhaben. Stattdessen versuchte man, die aus dem gesellschaftlichen Wandel herrührenden Probleme zu personalisieren, auf eine Personengruppe – hier die Juden – zu fixieren und dadurch – scheinbar – erklärbar zu machen. So gerieten die Juden in die Rolle des Sündenbocks und wurden zu einem »Antisymbol« (Eva Reichmann). Mit den Aggressionen gegen dieses Antisymbol hoffte man die Krise insgesamt zu beseitigen. Die Triebfeder der Proteste war, daß man sich die »auskömmliche Nahrung« erhalten wollte, nicht die Sicherung des elementaren Lebensunterhalts (wie bei den protestierenden Maschinenstürmern). Dafür ist aufschlußreich, daß die antijüdischen Proteste 1819 in Gebieten ausbrachen, in denen die Zunftwirtschaft nicht abgeschafft bzw. gerade wieder eingeführt worden war. Den Pogromen des Vormärz (1830, 1835) und noch in den Revolutionsjahren 1848/49 lagen ähnliche Motive zugrunde.

Der antijüdische Protest auf dem Land wurde vor allem von bäuerlichen Gruppen getragen, die infolge der Ablösungsgesetze nach der sog. ›Bauernbefreiung‹ von den zumeist jüdischen Geldverleihern in

Abhängigkeit geraten waren und in die unterbäuerliche Schicht abzusteigen drohten. Noch stärker als für den städtischen Handwerker verkörperte sich für den um seine Existenz ringenden Bauern die Bedrohung durch das neue (agrar-)kapitalistische System in dem einzelnen Juden, von dem er finanziell abhängig war, nicht aber im Adligen, dem »Juden mit Sporen und Stiefeln«, wie der westfälische Liberale Friedrich Harkort die eigentlichen Nutznießer des Systems treffend bezeichnete, zu deren Verteidigung sich sogar die Kathedersozialisten bereit fanden.[47] So drangen zum Beispiel in Viernheim bei Mannheim 1822 und 1830 Bauern, die ihre Zinsen nicht bezahlen konnten, in die Häuser der jüdischen Geldverleiher ein, zertrümmerten die Möbel und entleerten die Federbetten auf die Straße. Das war wohl weniger Selbsthilfe als vielmehr eine Strafaktion nach überkommenem Muster mit Zerstörung der Symbole des – nach Ansicht der Bauern – zu Unrecht erworbenen Reichtums. Die bäuerlichen Aktionen richteten sich vornehmlich gegen Juden. In Körbecke (Westfalen) zwangen Bauern 1848 einen Juden, der durch Aufkauf von Hypotheken einen Bauernhof erworben hatte, die Hypothekenbriefe herauszugeben; Aktionen gegen christliche Bürger, die ähnliches taten, sind dagegen nicht bekannt. Gegenüber Juden lag die Hemmschwelle niedriger. Die Religion spielte dabei teilweise sogar eine aktive Rolle. Auf dem Land und in Kleinstädten konnten angebliche christenfeindliche Aktionen von Juden das auslösende Moment für antijüdische Pogrome bilden. Das konnte bis zur absurden Behauptung der Ermordung eines Christenjungen aus religiösen Gründen gehen. Eine solche Verdächtigung führte nach einem ungeklärten Mord an einem Jungen 1834 in Neuhoven, Kreis Grevenbroich, zu schlimmen antijüdischen Exzessen.[48]

Wie stark war der Pöbel an Ausschreitungen gegen Juden beteiligt? In Heidelberg waren Handwerksburschen und Handwerksmeister, in Hamburg Handwerksmeister und Kaufleute die Initiatoren, der Pöbel hat aber mitgemacht. Es gab jedoch auch bei Unterschichtprotesten Aktionen gegen Gruppen. In anderen Fällen benutzte der Pöbel kleinbürgerliche Protestaktionen, um eigene Ziele zu verfolgen. Dabei sind vielfach Züge von Fremdenhaß festzustellen. Beim Hamburger Judenpogrom von 1830 vermutete der Vorstand der deutschjüdischen Gemeinde nicht zu Unrecht, daß die »gegen Israeliten verübten Frevel nur als Hebel und Veranlassung zu verbrecherischen Unternehmungen gegen Staat und allgemeine Sicherheit« anzusehen seien. Schon 1795 hatte der Hamburger Pöbel einen Protest der Schneidermeister gegen die Manufaktur-Konkurrenz eines französischen Uniformherstellers umfunktioniert, der zugleich, angeblich unter falschen Versprechungen, aus den Unterschichten Soldaten anwarb. Als es dem Pöbel nicht gelang, das Haus dieses Mannes zu zerstören – der Senat hatte 200 Mann Infanterie und 50 Dragoner zum Schutz eingesetzt –, wurde aus der beabsichtigten Bestrafung eine allgemeine Aktion gegen »Franzosen, die sich auf der Straße sehen ließen«.[49] Wie hier gegen die Franzosen richtete der Fremdenhaß der Unterschichten sich bei dem großen Hamburger Stadtbrand 1842 gegen »die Engländer«, denen man die Schuld an der Brandkatastrophe gab. Gemeint waren die englischen Arbeiter und Ingenieure, die am Bau der Eisenbahn nach Bergedorf und an der Errichtung zweier Hamburger Maschinenfabriken beteiligt waren. Viele von ihnen wurden mißhandelt.[50]

Vor allem galt der Haß der Unterschichten bei diesem Brand jedoch »den Reichen«. Der Pöbel drang in die Häuser des Großbürgertums ein und zerstörte die Attribute des Reichtums, ohne davon einen materiellen Nutzen zu haben. Diese »sinnlose Zerstörung«, wie bürgerliche Beobachter den Vorgang charakterisierten, lag durchaus in der Logik der traditionellen Bestrafungsaktionen, auch wenn nach Einschätzung der bürgerlichen Beobachter der »Hamburger Pöbel« nur ein »wildes Thier« war, das »furchtbar in seiner Rohheit raset und wüthet«.[51] Das trifft zwar das Problem nicht, andererseits erscheinen die Bestrafungsaktionen der Unterschichten immer hilfloser und fragwürdiger, je komplizierter die Markt- und Gesellschaftsstrukturen wurden. Unter den Voraussetzungen einer *moral economy* mochte die Bestrafung des einzelnen »Wucherers« sinnvoll gewesen sein, weil dadurch wirklich ein »angemessener Preis« erzwungen werden konnte. Die Entwicklung des kapitalistischen Marktes wie der kapitalistischen Gesellschaft machten solche Aktionen jedoch sinnlos. Es brachte nichts, für die immer komplizierter werdenden Marktmechanismen bestimmte Gruppen verantwortlich zu machen und sie zu bestrafen; die Entwicklung konnte dadurch nicht rückgängig gemacht werden. Die Aktionen gegen »die Reichen« beim Hamburger Brand 1842 waren ein solcher Versuch. Die Arbeiterbewegung kanalisierte die Feindseligkeit der Unterschichten gegen die Reichen später durch die Theorie vom Klassenfeind und vom Klassenkampf. Der Klassenkampf richtete sich nicht mehr gegen »die Reichen«, sondern gegen die Kapitalisten, die den Arbeitern den Mehrwert, den ihre Arbeit erbrachte, vorenthielten. In der Auseinandersetzung darüber kam es jedoch ebenfalls zu »symbolischen« Verkürzungen, d. h. zur Bildung eines Antisymbols. Das förderte zwar den Zusammenhalt der Arbeiterbewegung, wurde der Realität aber auch nicht immer gerecht.

Maschinensturm und Fabrikenprotest

Aktionen gegen »die Reichen« als Gruppe blieben im Vormärz jedoch die Ausnahme. Auch die Aktionen von Arbeitern gegen reiche Fabrikanten richteten sich gegen einzelne, die ihren Reichtum demonstrativ zur Schau stellten, den Arbeitern aber bei jeder Gelegenheit die Löhne kürzten. Die Reaktion hierauf war Zerstörung, genauso wie bei den Hungerprotesten. Zerstört werden konnten Haus und Wohnung des Fabrikanten, um ihn für den Reichtum zu bestrafen, den er auf Kosten der Arbeiter erworben hatte, oder auch seine Fabrik bzw. die Maschinen, die vielfach als Bedrohung empfunden wurden.

Zwischen Fabrikenprotest und Maschinensturm ist deutlich zu unterscheiden; nicht jeder Fabrikenprotest führte zu einem Maschinensturm. Die Motive für den Maschinensturm sind nicht einheitlich. Es konnte dafür sowohl die Wut über den Reichtum des Fabrikanten als auch die Furcht vor der Konkurrenz durch die Maschine ausschlaggebend sein.

Der Maschinensturm hatte in Deutschland Tradition. Im 18. Jahrhundert versuchten vor allem Zunftgesellen die außerzünftische Konkurrenz durch die Zerstörung von Maschinen auszuschalten. 1777 stürmten in Iserlohn die Nadlergesellen, die zur Zunft der Panzerarbeiter gehörten, die Waisenhausmanufaktur und zerstörten, um diese Konkurrenz loszuwerden, Werkzeuge und Maschinen der dort arbeitenden Kinder. Etwas ähnliches ereignete sich 1786 in Berlin, wo zünftig organisierte Posamentierer in eine Manufaktur eindrangen und »die zwanzig mit Bandarbeit besetzten Posamentierstühle sammt allen Geräthschaften ... zerschlugen«.[52] In der ersten Hälfte des 19. Jahrhunderts waren besonders die Heimgewerbetreibenden von der Konkurrenz der Maschinen bedroht und gingen gegen sie vor, um ihren beruflichen Status, ja ihre Existenz zu retten. »Lediglich aus Furcht theilweise brodlos zu werden, oder sich mit einem noch geringeren Arbeitslohn ... künftig begnügen zu müssen, scheint ihren Entschluß wegen Zertrümmerung jener Maschine bewirkt« zu haben, kommentiert der Regierungsrat v. Goerschen 1821 den Maschinensturm in Eupen, den ersten des Industriezeitalters in Deutschland.

Der Maschinensturm in Eupen blieb für lange Zeit ein Einzelfall, auch wenn es bisweilen zur Androhung eines Maschinensturms kam wie 1834 in Heiligenhaus bei Düsseldorf, wo sich die Schmiedegesellen durch die Aufstellung einer Schlagmaschine zur Herstellung von Schlössern bedroht fühlten. Sie beließen es jedoch bei Schmähliedern und Katzenmusiken. Erst zwischen 1844 und 1848 kam es zu häufigeren Maschinensturm-Aktionen. Die erste fand beim schlesischen Weberaufstand statt, als am 5. 6. 1844 in der Fabrik Dierig in Langenbielau die Jacquardmaschine und eiserne Webstühle vernichtet wurden. Diese Zerstörung erfolgte im Rahmen der allgemeinen »Bestrafungsaktionen«, und zwar zu dem Zeitpunkt, als das Militär eingriff und die ersten Opfer zu beklagen waren. Bei den »Bestrafungsaktionen« am Tag zuvor, am 4. 6., richtete sich der Zorn der revoltierenden Weber ausschließlich gegen die Wohnungen, Häuser, Luxuseinrichtungen, Warenlager und Kaufmannsbücher der reichen Fabrikanten. Auch wenn unter den schlesischen Webern durchaus die Meinung verbreitet war, daß durch »die gegenwärtige Einrichtung mit den Spinnmaschinen im In- und Auslande … Tausende von Handspinnern ohnfehlbar zu Grunde gehen« müssen, führte diese Befürchtung in den Weberdörfern 1844 nicht zum gezielten Maschinensturm. Das war jedoch nur zwei Wochen später in Prag und vier Wochen später in Reichenberg/Nordböhmen der Fall. Als Motiv für die Zerstörungen wurde dort die Beseitigung der unerwünschten Konkurrenz durch die Maschine angeführt.

In Prag, wo am 18. 6. 1844 tschechische Arbeiter die Maschinen mehrerer Kattundruckereien zertrümmerten, war dieser Aktion eine Herabsetzung der Löhne vorausgegangen. Die Arbeiter hatten deshalb am 17. 6. 1844 die Beibehaltung der alten Löhne und die Abschaffung der Maschinen gefordert, »da uns diese bei unserm Verdienste schaden«. Erst als der Unternehmer Porges von Portheim die Wiedereinführung des alten Lohns abgelehnt und Prag verlassen hatte, entschlossen sie sich, die Maschinen zu vernichten. Später zerschlugen sie auch die Maschinen in anderen Prager Kattundruckereien, nachdem sich ihnen weitere Arbeiter angeschlossen hatten.

Während in Prag das Motiv für den Maschinensturm nicht ganz eindeutig ist, ob die Angst vor der Konkurrenz oder die Bestrafung des unnachgiebigen Fabrikanten, ist das Motiv für die Aktionen in Reichenberg eindeutiger zu eruieren. Durch die Anschaffung von »neuen Vorspinn- und Klarspinnmaschinen« waren – wie der »Bote aus dem Riesengebirge« am 25. 7. 1844 berichtet – viele Menschen brotlos geworden. Am 3. 7. 1844 hatte sich, wie es in demselben Zeitungsartikel heißt, ein »starker Trupp von Arbeitern in Katharinaberg ... eine Stunde nordöstlich zu Reichenberg beim letzten Fabrikengebäude aufwärts an der Neiße« versammelt und war von hier die Neiße entlang in Richtung Reichenberg gezogen. Unterwegs hatten die Demonstrierenden alle dort arbeitenden Spinner aufgefordert, »sich ihnen anzuschließen und die neuen Vorspinn- und Klarspinnmaschinen ... zu zerstören«. Fabriken, die noch mit alten Maschinen arbeiteten, ließ man unbehelligt. In Habendorf, wo in der Fabrik von Stephan König eine neue Vorspinnmaschine aufgestellt worden war, kam es zur Zerstörung dieser »Brotdiebsmaschine«, wie die Arbeiter sie nannten. Der Zug, der inzwischen auf 600 Menschen angewachsen war, demolierte auf dem Weg nach Reichenberg noch weitere Maschinen. Einem Finanzkommissar, der die Arbeiter von ihrem Vorhaben abzuhalten versuchte, erklärten sie, »sie wollten die Maschinen vernichten, weil diese sie brotlos machten und daß sie nicht eher aufhören würden, bis sie die Maschinen zerbrochen hätten.«

Während in Prag entlassene bzw. streikende Arbeiter der technisch auf dem neuesten Stand sich befindenden Fabrik Porges die Träger der Aktion waren, denen sich Arbeiter anderer Kattundruckereien anschlossen, stellten in Reichenberg die Arbeiter *der* Betriebe die Protestträger, die noch mit alten Maschinen arbeiteten. Daß Arbeiter die Maschinen der eigenen Fabrik zerstören, wie das offensichtlich in Prag 1844 der Fall war, gehört zu den Ausnahmen. Bei den meisten Maschinensturm-Aktionen ist eher das Gegenteil festzustellen: Die Arbeiter der angegriffenen Fabrik verteidigen diese. So war es 1844 in Langenbielau, aber auch 1848 in Wien. Hier war es zu Beginn der Revolution am 14. 3. zu Maschinenzerstörungen in einer Tapeten-, in einer Appretur- und in einer Branntweinfabrik gekommen. Die Maschinenstürmer waren Tagelöhner bzw. saison- und konjunkturbedingte Arbeitslose, während die Arbeiter der Tapetenfabrik ihren Betrieb zu schützen versuchten. Auch in Solingen, wo es zwei Tage später zur Zerstörung von vier Gußfabriken kam, waren die Maschinenstürmer nicht in diesen Gießereien beschäftigt. Es handelte sich vielmehr um Schlossergesellen, die infolge des neuen

Gußverfahrens arbeitslos geworden waren. Von einer Verteidigung der Fabriken durch die eigenen Arbeiter ist in diesem Bericht allerdings nicht die Rede.[53]

In den meisten Fällen ging eine solche Zerstörungsaktion mit einer Bestrafungsaktion zusammen, die sich gegen den, wie man meinte, zu Unrecht erworbenen Reichtum des Fabrikanten richtete.[54] Die Protestierenden orientierten sich an der überkommenen Vorstellung, daß es primär nicht um den Erwerb von Reichtum, sondern um die Sicherung des Lebensunterhalts gehen solle. Nach ihrer Meinung vernichteten die Fabrikanten in ihrer »Gier nach Reichtum« die überkommene Ordnung und machten die Heimgewerbetreibenden zu einer »Räuberbande«. So heißt es in dem Lied »Der Schmiede Unglück«, das 1834 von den Heimgewerbetreibenden in Heiligenhaus als Protest gegen die Einführung einer »Schloßmaschine« gesungen wurde: Es beginnt mit der Strophe:

Großen Reichtum zu erwerben
ist gewiß keine Dringlichkeit.
Hier auf dieser schönen Erde
liebt man die Zufriedenheit.

Noch recht verhalten wird in der 3. Strophe die Warnung an den Fabrikanten ausgesprochen:

Glaubt, es bringt euch kein Gewinn.
Es zerstören unsere Arme
noch die verfluchte Schloßmaschinn.[55]

Ein Lied ausschließlich gegen die Fabrikanten, nicht aber gegen die Maschinen, ist das bedeutendste Protestlied dieser Art, das »Blutgericht«, das die Weber in Langenbielau und Peterswaldau sangen. Es spricht nicht von der Bedrohung durch die Maschinen, sondern prangert den Reichtum der einzelnen Fabrikanten an und stellt dem die Not der Heimweber gegenüber.[56] Tatsächlich unternahmen die Weber in Langenbielau und Peterswaldau zunächst auch nichts gegen die Maschinen. Bei den Protestaktionen 1844 habe es, schrieb die »Vossische Zeitung« nur gegolten, »den Haß, die Rache und Zerstörung und Verwüstung auszulassen. Jenes Rachewerk wurde vollständig ausgeführt, zertrümmert, zerschnitten, zerfetzt, was vorhanden und irgend mit einiger Schwierigkeit zu transportieren« war. Erst in einer zweiten Aktion wurden die Maschinen zerstört, die, wie anderswo von den Arbeitern der Fabrik verteidigt wurden.[57] Der Haß der Heimgewerbetreibenden konnte sich auch gegen die Person des Fabrikanten richten. Wenn dieser nicht angetroffen wurde, zerstörte man dann gleichsam ersatzweise die Maschine. So ereignete es sich 1847 in Voerde bei Hagen, wo die Heimgewerbetreibenden an dem Fabrikanten Proll, der ihnen durch seine Spindelpresse erhebliche Konkurrenz machte, »ihre Wut auslassen« wollten. Da er sich jedoch vor den ergrimmten Heimgewerbetreibenden in Sicherheit gebracht hatte, »demolierten [sie] die Pressen in der Fabrik [und] warfen die Trümmer in einen Teich«.

In manchen Fällen aber kam es gar nicht zum Maschinensturm, so 1830 in Aachen, obgleich zunächst dazu aufgefordert worden war. Am 28. August, einem Samstag, hatten 20 bis 30 Handwerker die Losung ausgegeben: »Kommt laßt uns gehen und dem Kelleter die Fabrik anstecken, die Maschinen nehmen uns das Brot weg; so können wir doch nicht mehr bestehen«. Als es dann am Montag, dem 30. August, wegen Lohnabzügen vor der Fabrik Nellessen zu einem Auflauf kam, hatte ein Tuchweber die Arbeiter mit folgendem Satz zu agitieren versucht: »Das Maschinenwesen trage dazu bei, daß die Fabrikarbeiter nichts verdienten, und dasselbe wirke ebenso schädlich auf die Professionisten [selbständige Handwerker]; es wäre am besten, die Maschinen zu zerstören«. Tatsächlich kam es jedoch zu keinem Maschinensturm, sondern es wurde nur das Haus des reichen Fabrikanten Cockerill verwüstet, während man die Maschinen nicht anrührte.[58]

Die Ausführenden des Maschinensturms waren zumeist Heimgewerbetreibende, in die Krise geratene Handwerker, die um ihren sozialen Abstieg fürchteten, wie in Eupen und Aachen die Tuchscherer, ferner Arbeitslose oder aber solche Arbeiter, die befürchteten, durch die Einführung neuer Maschinen entweder arbeitslos zu werden oder weniger Lohn zu erhalten.

Die Heimgewerbetreibenden kämpften gegen die Maschinen, weil diese ihre Unabhängigkeit bedrohten und es für sie noch schwerer machten, sich mit ihrer Arbeit ihren Lebensunterhalt zu verdienen. Dagegen kam für die Arbeiter, die an den Maschinen arbeiteten, d. h. in den technisierten Produktionsprozeß integriert waren, sofern sie nicht von Entlassung bedroht waren, ein Maschinensturm nicht mehr in Frage. Ihren Standpunkt macht deutlich, was Altenaer Fabrikarbeiter 1848 Friedrich Harkort schrieben: die Maschine »erleichtert den Menschen die Arbeit«.[59] Für die aufkommende Arbeiterbewegung war Maschinensturm eine falsche Form der »Rache«. Die Altenaer

Arbeiter wiesen aber auch darauf hin, daß von Arbeitern nirgends Maschinen zerstört worden wären, wenn sie von dem Gewinn »nur einen kleinen Teil genossen hätten«. Unter den bestehenden Verhältnissen sind die Maschinen für sie »nur Folterbänke, auf welchen das Kapital die Arbeit ausbeutete«.[60] Diese Stellungnahme läßt erkennen, daß die Identifikation mit dem technischen Fortschritt entfiel, wenn die Arbeiter von den Maschinen keinen Vorteil hatten. Das galt erst recht, wenn sie sahen, daß durch technische Verbesserungen Arbeiter freigesetzt wurden oder daß der Fabrikant die Investitionskosten über Einsparungen bei den Löhnen hereinholte. Dann konnte es in den Fabriken zu Protesten kommen, mitunter auch zu Aktionen gegen Maschinen, im Rahmen der traditionellen Bestrafungsaktionen vor allem jedoch zu Fabrikprotesten. So wurden Fabrikanten oder ihren leitenden Angestellten 1828 in Krefeld, 1840 in Iserlohn von Arbeitern Fensterscheiben eingeworfen bzw. Wohnungen verwüstet. In Krefeld waren die Löhne um 15 % herabgesetzt, in Iserlohn ebenfalls gekürzt worden, außerdem wurden dort in einer Fabrik nach Umstellung der Produktion männliche durch weibliche Arbeitskräfte ersetzt.[61] Der Landrat von Iserlohn berichtete am 2. 11. 1840 der Regierung in Arnsberg: »Der Tumult ist ... dadurch entstanden, daß man in dieser Fabrik kürzlich damit angefangen hat, einige Polierer zu verabschieden, um ihre Arbeit durch Mädchen verrichten zu lassen, welche weniger Lohn bekommen. Die Tumultanten (aus allen hiesigen Bronzefabriken) wollen diese Maßregel, die, wie sie befürchten, allgemein werden dürfte, mit Gewalt verhindern, und einige, mit denen ich sprach, äußerten: Überall wolle man jetzt die Arbeiter ›beknappen‹, daher müßten diese sich wehren. Es scheint also, als hat [!] diese Aufregung der verwandt, welche in großen Städten des Auslands unter den Arbeitern sich zeigt«.[62]

Das Verhalten der Iserlohner Arbeiter und seine Begründung zeigen, daß weniger der technische Wandel in der Frühindustrialisierung und die damit verbundene Disziplinierung als vielmehr die Praxis des Kapitalismus zum Problem wurden. An *moral economy* und eine gewisse, wenn auch bescheidene soziale Sicherung im Ancien régime gewöhnt, erlebten die Arbeiter nun, wie die Fabrikanten reich wurden, ihren Reichtum auch nicht versteckten, sich um ihre Arbeiter jedoch nicht kümmerten. Die Gleichgültigkeit gegenüber sozialen Verpflichtungen und die Enttäuschung der Arbeiter bezeugt ein Schreiben, das Arbeiter der Fabrik in Himmelsmühle in Sachsen am 3. 11.

1848 an einen Funktionär der Arbeiter-Verbrüderung richteten. Darin heißt es: »Konnte er [der Fabrikant] nicht, den man für einen Millionär schätzt, der vergangenes Jahr um und an seine Fabrik ein kleines Paradies gebaut, welches man über 50000 Thaler zu bauen schätzt, wo nur der Zaun mit dem Gartenhaus über 10000 Thaler kostet, konnte er nicht in der bedrängten Zeit auch eine Suppe mittags den armen Kindern verabreichen lassen?«

In Himmelsmühle kam es jedoch nicht zum Protest. Die Arbeiter hofften, daß auch durch die damals entstehende Arbeiterbewegung der »despotischen Behandlung gesetzlich ein Ziel gesetzet werden«[63] würde. Diese Einstellung ist typisch für die frühe Arbeiterbewegung, für einen kleinen Teil der Unterschichten also. Für das Gros war die Situation, wie »ein junger Arbeiter« sie im selben Jahr in der »Zeitung des Arbeiter-Vereins zu Köln« beschrieb: »... und je weniger die letztere [Arbeit an der Maschine] Geschicklichkeit und Kraftäußerung erfordert, desto mehr wird die Arbeit der Männer durch Frauen und Kinder ersetzt ... Durch Excesse suchen sie [= die ins Proletariat abgesunkenen Handwerker, Bauern, ›Industriellen‹ und Kaufleute] sich zu rächen, sie zerschlagen die Maschinen, stecken Fabrikan an und vernichten die Produktionsstoffe, wie Maschinen ... So lange das Arbeiten der Maschine auf der einen Seite zu Gunsten Einzelner, hingegen auf der anderen Seite zum Verderben sehr Vieler hat gereicht, hat diese, welche eine der Wohlthätigsten Erfindungen für die Menschheit sein könnte, nur den Interessen einer kleinen bevorzugten Klasse engherziger Selbstsüchtlinge gedient«.[64]

Der Staat unternahm dagegen nichts. Hatte er sich im Ancien régime im Sinne einer »guten Policey« gegenüber den Unterschichten sozial verpflichtet gefühlt, überließ er zumindest in Preußen seit der Gewerbereform die soziale Frage weitgehend dem freien Spiel der Kräfte. Die Maxime war, daß die Sphäre der Produzenten »Sphäre des Privateigentums« sei, in die der Staat sich nicht einzumischen habe, daß er jedoch für einen reibungslosen Ablauf der Produktion zu sorgen habe. Für den Staat waren die »merkantilischen Verhältnisse ... [ein] noli me tangere«, wie der Düsseldorfer Regierungspräsident 1828 nach dem Fabrikenprotest in Krefeld bemerkte.[65] Bei Widerstandsaktionen der Unterschichten gegen die neue Sozial- und Wirtschaftsordnung griff er jedoch hart durch und erwartete Härte auch von den Fabrikanten. Im Nachgang zum Iserlohner Fabrikenprotest schrieb der preußische Innenminister v. Rochow am 29. 11. 1840 an den westfälischen Oberpräsidenten v. Vincke: »Es ist übrigens ein sehr erheblicher Übelstand, daß die Excedenten durch die Zusicherung des Fabrikanten Schmidt ihren Zweck erreicht haben, und es fragt sich daher, wie den nachtheiligen Folgen dieses Zugeständnisses begegnet werden könnte«.[66] In Konflikten zwischen Fabrikanten und Arbeitern war der Staat keine vermittelnde Instanz.

Unterschichten und Monarchie

Der Staat stand im Vormärz immer deutlicher auf der Seite des Bürgertums, trotzdem blieb der Monarch für die Unterschichten eine Sozial- und Rechtsinstanz über den Gegensätzen und Konflikten. Sie hielten ihn für einen Anwalt der Armen, und zwar um 1790 ebenso wie im Vormärz und noch in den 1860er Jahren. Dieser ›Monarchismus‹ war ein Grundzug aller Unterschichtenproteste, so verschieden sie sonst waren, das Kernstück ihrer politischen Kultur von der Zeit der Französischen Revolution bis in die frühe Arbeiterbewegung.[67]

Die Protestierenden in Barth in Pommern warfen dem Magistrat 1795 vor, er verstoße gegen die Gesetze des Königs, der befohlen habe, gerechte Preise festzusetzen; die Rostocker wollten 1790 ihren Herzog Franz als Magistrat, und in Altona wurde das Haus des ›Jakobiners‹ Lanz mit dem Ruf gestürmt: »Es lebe Christian VII.!«[68] Monarchistisch waren auch die schlesischen Aufständischen von 1793, allerdings nicht uneingeschränkt: »Wir wollen Könige haben, aber sie müssen uns auch helfen«. In ihren Aufruhrzetteln sprechen sie in einem Satz vom Anzünden der Schlösser und vom »Könige, dem die Untertanen lieber sein müßten als die Edelleute«.[69] Daß der König nicht immer zugunsten der Armen eingriff, erklärte man sich damit, daß er ihre Not nicht kannte, weil Räte und Adel ihm die Wahrheit verschwiegen. »Wir wollen unsern Theuersten Landes Vater in unsere Mitte nehmen und wollen Ihn [!] Sachsens Elend und Noth mit Nachdruck vorstellen«, schrieb im sächsischen Bauern- und Häusleraufstand von 1790 C. B. Geißler in seiner Aufruhrschrift.[70] Proteste gegen die Obrigkeit richteten sich immer gegen den Magistrat oder gegen die Regierung, von denen man glaubte, daß sie gegen Anordnungen des Monarchen handelten, etwa wenn sie sich nicht um die Lebensmittelversorgung der Unterschichten kümmerten oder den bäuerlichen Untertanen die vermeintlich vom König gewährte Freiheit vorenthielten.[71]

In den Unterschichten wurde nicht nur zwischen Monarch und Regierung, sondern auch zwischen Monarch und herrschender Adelsschicht unterschieden, und es bestand die Vorstellung, daß sie politisch gegeneinander arbeiteten: die Regierung vertrete die Interessen der Adligen, der Monarch dagegen wolle dem Volk helfen. Was man dem Adel zutraute, das zeigt die unter den protestierenden schlesischen Webern und Bauern verbreitete Ansicht, daß der Adel aus dem preußischen Allgemeinen Landrecht diejenigen Paragraphen getilgt habe, in denen der König dem Volk Rechte gewährt hätte. Der Monarch war die Hoffnung des Volkes, bei den Protesten des Berliner Pöbels in den 1830er Jahren, aber auch in der Revolutionszeit. Mit dem Ruf »Es lebe der Großherzog!« stürmten Odenwälder Bauern 1848 das Boxberger Rentamt ihres Grundherrn, und mit einem donnernden Hurra auf den König hatten nicht nur 1840 die protestierenden Iserlohner Arbeiter das einrückende Militär begrüßt, sondern im Dezember 1848 auch Berliner aus den Unterschichten die Truppen Wrangels, die der Konterrevolution zum Sieg verhelfen sollten.[72] Der König stand über der Regierung, dem Adel und den Reichen, den Grundeigentümern und Fabrikanten, er war sozusagen entrückt. Man ließ ihn hochleben, wenn man ein Rentamt oder das Haus eines reichen »Wucherers« stürmte, und man erwartete, daß er dem revoltierenden Volk helfen werde. Dieser Glaube war trotz jahrhundertelanger Enttäuschungen so fest verwurzelt, daß noch Lassalle an diese Tradition anknüpfen konnte und mit dem Gedanken vom König der Armen in seiner bekannten Ronsdorfer Rede Begeisterung auslöste.[73]

Zu dieser monarchischen Gesinnung gibt es die Parallele in England, wo der Unterschichtenprotest sich gegen die Gentry und die Händler richtete – unter der Devise »God save the King!«[74] In Deutschland waren es nach in den Unterschichten weithin herrschender Überzeugung staatliche und städtische Obrigkeiten, der Adel und das Bürgertum, die zwischen Volk und König standen und dessen soziale Maßnahmen behinderten oder verhinderten. »Ein Fluch dem König, dem König der Reichen, / Den unser Elend nicht konnte erweichen«, das steht nur in Heinrich Heines Gedicht »Die schlesischen Weber«. Im historischen Weberlied, dem »Blutgericht«, dagegen gibt es diesen Fluch nicht, es kennt jedoch den übermütigen Fabrikanten, der »Staatskarossen« fährt und sich »Paläste« baut, also Attribute des Königs usurpiert.[75]

Auf den ersten Blick mag der Royalismus der Unterschichten erstaunlich sein. Denn es gab genug Beispiele dafür, daß der König auf der Seite des Adels und später des Bürgertums stand: von der drakonischen Bestrafung der rebellierenden Bauern in der Grafschaft Glatz 1789, von Friedrich Wilhelm II. ausdrücklich befohlen, bis zu den Militäraktionen gegen protestierende Fabrikarbeiter im Vormärz, während der Bürgerschaft und ihrer »treuen Anhänglichkeit und Vaterlandsliebe« gleichzeitig das königliche Wohlwollen versichert wurde. Doch es war nicht nur das einfache Volk, das den monarchischen Herrscher heraushob. In der Staatstheorie unternahm angesichts der Herausbildung des modernen Klassenstaats Lorenz von Stein den Versuch einer »Rekonstruktion des Königtums als einer über die sozialen Gegensätze erhobenen politischen Instanz« und stellte dieses »idealistische Konstrukt« dem statischen Staatsbegriff der bürgerlichen Rechtslehre« gegenüber.[76] Für die Armen hatte das Festhalten an der monarchistischen Tradition wohl die besondere Bedeutung, daß die Hoffnung auf den König zunächst die einzige Utopie war, die eine Wendung zum Besseren versprach, nachdem sich durch die politischen Theorien und die Aktivitäten des aufsteigenden Bürgertums die Lage der Unterschichten verschlechtert hatte.

Bestrafung von Unterschichtenprotesten

Wie dargelegt spielte in vielen Unterschichtenprotesten die Festsetzung eines ›gerechten Preises‹ eine wichtige Rolle. Diese *taxation populaire* wurde zunächst häufig hingenommen. Den lokalen Obrigkeiten blieb oft nichts anderes übrig, als die Maßnahme nachträglich zu legitimieren, indem sie den geforderten Preis entweder von sich aus festsetzten oder einen vermittelnden vorschlugen.[77] Generell war die Unsicherheit gegenüber revoltierenden Unterschichten im ausgehenden 18. Jahrhundert in den meisten Staaten groß. Das führte zu unberechenbaren Reaktionen und ganz unterschiedlich schweren Strafen für die »Anführer«, auch aus politischen Gründen. Während die »Tumultanten« in Altona trotz des erheblichen Schadens, den sie dem ›Jakobiner‹ Lanz zugefügt hatten, mit vier und zwei Jahren bzw. einem

Jahr Festung in Glücksburg davonkamen, erhielten vier Flensburger, die 1795 lediglich eine Blockade und Preisfestsetzungen vorgenommen hatten, mit sechs und vier Jahren »Karrenstrafe«, d. h. Zuchthaus, auf der Rendsburgischen »Sclaverey« recht hohe Strafen.[78] Ähnlich hart waren die Strafen im mecklenburgischen Güstrow, wo es ebenfalls 1795 neben Preisfestsetzungen zu Requirierungen und zu Auseinandersetzungen mit Militär gekommen war. Die Verurteilten dort mußten mehr als die Hälfte ihrer Strafe absitzen, während im pommerschen Barth der schwedische König die Revoltierenden, die auf dem Markt Roggen beschlagnahmt und zu einem von ihnen festgesetzten Preis verkauft hatten, »aus Milde und Güte« begnadigte.[79] In Solingen schließlich, 1795 unter der Herrschaft des bayerischen Kurfürsten, kam es trotz Preisfestsetzung, Zerstörung des Amtshauses und Vertreibung des Amtmannes samt Militär zu überhaupt keiner Bestrafung.[80]

Ganz unterschiedlich waren die Bestrafungen auch im Preußen Friedrich Wilhelms II. Im westfälisch-märkischen Protoindustriegebiet kamen die Protestierenden 1795 relativ ungeschoren davon, obwohl sie in Kornmagazine eingedrungen waren, Waren weggenommen und kostenlos verteilt hatten. Die Beteiligten an den ländlichen Protesten in Schlesien dagegen wurden zum Teil schwer bestraft, wobei das Strafmaß der Laune des Königs und des Provinzialministers von Hoym überlassen blieb.[81] Schon 1789 hatte Friedrich Wilhelm II. die fünfundzwanzig »Rädelsführer« des Aufstandes auf den Gütern des Grafen Althann in Wölfelsdorf drakonisch mit Spießrutenlaufen bestrafen lassen, anscheinend auch zur Abschreckung aller anderen Gutsuntertanen, denn die Strafe mußte von den Landräten in ganz Schlesien bekanntgegeben werden.[82] In anderen Fällen von Verstößen gegen feudale Verpflichtungen, so bei Abgabe- oder Dienstverweigerung, wurde ähnlich rigoros vorgegangen. Das beweisen vor allem die Bestrafungen in der preußischen Provinz Schlesien, die als *die* Revolte-Provinz der 1790er Jahre anzusehen ist. König und Regierung setzten sich über das am 1. 6. 1794 in Kraft getretene tolerante Allgemeine Landrecht hinweg und bestraften nach dem Militärstrafrecht.

Geradezu despotisch reagierte der Provinzialminister von Hoym auf den Bauern- und Häusleraufstand im März 1793. Da ihm kein Militär zur Verfügung stand (die preußischen Truppen waren wegen des Koalitionskrieges am Rhein gebunden), in Breslau zudem gleichzeitig ein

Gesellen- und Unterschichtenprotest ausbrach, drohte – jedenfalls in seinen Augen – die staatliche Ordnung in Schlesien zusammenzubrechen. Er forderte deshalb, die Rädelsführer ohne Rücksichtnahme auf zeitraubende prozessuale Formalitäten zu Festungshaft, die Mitläufer zu Spießrutenlaufen zu verurteilen, letzteres mit der Begründung, daß »Spitzrutenlaufen für einen mindern Grad des Verbrechens sehr angemessen« sei, »da diese Strafe öffentlich, empfindlich und doch dem Körper nicht schädlich ist«. Der »Zweck« dieser Strafe, nämlich »die übrigen Ruhestörer zu schrecken«, werde erreicht, wenn die Täter »mit recht blutigen Buckeln in ihre Heimat entlassen« würden.[83]

Hoym konnte sich allerdings auch anders verhalten. Als sich die schlesischen Weber 1793 gegen die hohen Garnpreise empörten und es zum Aufruhr gegen die Kaufleute kam, ging er nicht gegen die Weber, sondern gegen die Garnhändler, gegen das Handelskapital, mit strengen Maßnahmen vor, um die Preise herunterzudrücken, und hatte dafür die Zustimmung Friedrich Wilhelms II. Richteten sich Protest oder gar Aufstand jedoch gegen das Feudalsystem und damit gegen den von Hoym hofierten Adel, wurden die Unterschichten das Opfer staatlicher Brutalität. Wer revoltierte, wurde wie ein Deserteur bestraft. Hoyms Antrag, auf Weitläufigkeiten des Gerichtsverfahrens zu verzichten und mit Spießrutenlauf auch Zivilisten zu bestrafen, wurde im Juli 1794 von Friedrich Wilhelm II. genehmigt, gegen die Stellungnahme des preußischen Justizdepartments, das die »Erkenntnisse auf Spießrutenstrafe« ablehnte. Es fühlte sich einer aufgeklärten Justiz entsprechend dem Allgemeinen Landrecht verpflichtet, forderte, die Schuld zu eruieren, sie nicht nur bei den Aufständischen, sondern auch bei der Gutsherrschaft zu suchen. Auf solch eine differenzierende Betrachtungsweise ließen der König und sein Provinzialminister sich jedoch nicht ein, möglicherweise allerdings aus der Überlegung heraus, daß der Staat hier kaum Gerechtigkeit gegenüber dem einzelnen üben konnte, ohne die gesamten Abhängigkeitsverhältnisse neu zu ordnen. Unter dem Druck des schlesischen Adels war der Staat aber nicht imstande, das Grundübel zu beseitigen und die Rechte der Grundherren, die Pflichten der Untertanen klar und gerecht gegeneinander abzugrenzen. Stattdessen untersagte die Regierung im März 1797 mit einer in den »Schlesischen Provinzialblättern« veröffentlichten Anordnung alle Erörterungen des Verhältnisses der Untertanen zur Gutsherrschaft. So kam es zwischen 1798 und 1806 zu neuen Unruhen, die auch nach 1815 wieder auflebten. Mindestens bis 1806 waren die Strafen für die aufständischen Bauern Festungshaft, lebenslängliches Zuchthaus und »Gassenlaufen«. Über dieses schrieb der Großkanzler von Goldbeck, es sei »zweckmäßig gegen Bauern und andre ganz gemeine Leute, wenn es darauf ankommt, schnell, doch nachdrücklich zu strafen und den Bestraften alsdann sogleich zu seiner gewöhnlichen Berufs-Arbeit zurückkehren zu lassen. Gegen Professionisten hingegen, unter welchen nach der Zunftverfassung ein allgemeiner Zusammenhang durch ganz Deutschland und ein sehr bedenklicher Esprit de corps herrscht, kann ich dazu pflichtmäßig nicht rathen. Die Vollziehung einer solchen ungewöhnlichen militärischen Strafe in der Residenz würde zuverlässig unter dem ganzen zahlreichen Handwerkerstande, nicht nur in Berlin, sondern vielleicht in den ganzen Königlichen Landen eine allgemeine Gährung und die äußerste Verbitterung gegen das Militär hervorbringen, wovon die nachtheiligsten Folgen zu besorgen sind«.[84] Daran hielt man sich in Preußen auch unter Friedrich Wilhelm III., der Hoym am 1. 5. 1799 durch Kabinettsorder anwies, die »Rädelsführer« des (von Gneisenau niedergeschlagenen) Hirschberger Landaufstands von 1798 »nach einem auf ein summarisches Verhör zur Stelle abzufassenden Erkenntnisse sogleich mit verhältnismäßigem Gassenlaufen« zu bestrafen.[85]

Wie die preußische Regierung versuchte, den Tumulten in den Städten und auf dem Land beizukommen, ohne sie jedoch verhindern zu können, zeigt die Folge von Edikten in den 1790er Jahren. Nach den Unruhen im März und April 1793 in Schlesien drohte der König im Mai in einem Patent »bei ferneren Unruhen« sowohl die »Gewalt der Waffen« als auch die »Arretirung« der Widersetzlichen an. Ihm folgte schon im Juli 1794 ein Edikt gegen »tumultarische ... Beschwerdeführungen besonders supplicirender Gewerke und Corporationen«.[86] Nach dem Thronwechsel 1797 wurden die staatlichen Maßnahmen gegen Tumultanten mit dem Edikt vom 30. 12. 1798 erheblich verschärft. Die darin angedrohten drakonischen Strafen wurden bei den Hungeraufständen 1805 in Halle, Wettin und Aschersleben zum ersten Mal ausgesprochen und behielten bis 1848 als Richtschnur Geltung.[87] Der Großkanzler von Goldbeck meinte die Hungeraufstände, als er 1805 erklärte, daß »durch einen Volks-Aufstand dieser Art die Basis jeder Staatsordnung aufs gröbste verletzt und die Sicherheit der Person und des Eigenthums dergestalt angegriffen« werde und daß »jeder in andern Fällen noch so gültige Minderungs-Grund ... von dieser Rücksicht verschwinden muß«. Damit wandte er sich gegen ein Urteil der ersten Instanz, die »die drückende Armuth, in welcher sich die Hälfte der Einwohner von Halle« befand, berücksichtigt hatte. Die ehemaligen Soldaten unter den Aufständischen, ihre Frauen und selbst ihre Kinder, aber auch andere Zivilpersonen wurden mit Gassenlaufen bzw. Peitschenhieben bestraft. Der Kutscher Dietz, der bei den Tumulten einen Kaufmann tätlich angegriffen hatte, erhielt eine Strafe von zwölfmal Gassenlaufen durch 200 Mann und fünf Jahre Festungsarbeit. Goldbeck fand diese Strafe »bei weitem zu gelinde ausgefallen« und forderte, Dietz zugleich zum Anführer machend, eine Verschärfung auf zwanzigmal Gassenlaufen durch 200 Mann und Festungshaft bis zur Begnadigung. Weniger harte Strafen wurden gegen Zunftmitglieder oder deren Ehefrauen, die an den Tumulten teilgenommen hatten, verhängt. Sie gehörten eigentlich zu den staatstragenden Schichten, die, ebenfalls nach dem Edikt vom 30. 12. 1798, bei Tumulten Lehrjungen, Gesellen und Gesinde streng zu beaufsichtigen hatten.[88]

Goldbecks Feststellung von 1805, daß »durch einen Volks-Aufstand dieser Art die Basis jeder Staatsordnung aufs gröbste verletzt« werde, rechtfertigte in den folgenden Jahrzehnten des 19. Jahrhunderts alle Zwangsmaßnahmen des Staates gegen die Ansammlung einer Menschenmenge als »potentieller Gegenmacht«. Selbst in Gebieten französischen Rechts, also in den preußischen Westprovinzen, wurde bei den Unruhen 1830 die Verordnung vom 30. 12. 1798 angewendet.[89] Und auch nach 1815 wurden in Preußen Körperstrafen verhängt. Verurteilte des schlesischen Weberaufstands von 1844 beispielsweise wurden noch mit 20 Peitschenhieben bestraft.

Auch an hohen Zuchthausstrafen hielt man fest. Von sechs Angeklagten in Eupen wurde der »Anführer« 1822 »wegen Zerstörung einer Scheer-Maschine mittelst Zusammenrottirung mit offener Gewalt« zu fünf Jahren Zwangsarbeit und einer Geldstrafe von 53 Talern, die übrigen fünf Maschinenstürmer, darunter eine zwanzigjährige Fabrikarbeiterin, zu je fünf Jahren Zuchthaus verurteilt. Nach verbüßter Strafe sollten sie »lebenslänglich unter die Aufsicht der hohen Polizei gestellt bleiben«. Im Prozeß gegen die Angeklagten des Aachener Aufruhrs von 1830 erhielten die drei »Rädelsführer« lebenslänglich Zuchthaus, zwanzig Tumultanten Zuchthausstrafen zwischen zehn und zwanzig Jahren, weitere fünfundzwanzig, darunter fünf Frauen, wurden mit Zuchthaus zwischen fünf und acht Jahren bestraft. Nach dem Fabrikentumult in Iserlohn 1840 wurden vierzig Beteiligte verurteilt. Einer der Angeklagten bekam sechs Jahre Zuchthaus »wegen Verwundung einer, zur Stillung des Tumultes herbeigeeilten obrigkeitlichen Person«. Die Zuchthausstrafen für die »bei dem Tumulte verübten Vermögensbeschädigungen« lagen zwischen dreieinhalb und zwei Jahren. Drei Jahre Zuchthaus waren die Strafe für zwei Arbeiter, »weil sie während des Tumults gefährliche Werkzeuge mit sich führten«, zwei Jahre erhielt u. a. die Ehefrau Ebbinghaus »wegen Beförderung der schädlichen Absichten der Aufrührer«. Für die 87 Verurteilten aus den schlesischen Weberdörfern betrugen die Höchststrafen neun, acht, sieben Jahre Festung bzw. sechseinhalb, sechs und fünf Jahre Zuchthaus. Auch bei den Berliner Hungerunruhen wurden mehrjährige Zuchthausstrafen wegen »Aufruhrvergehens« ausgesprochen. Ein sechzehnjähriger Barbierlehrling wurde mit acht Jahren Zuchthaus bestraft (später allerdings auf drei Jahre herabgesetzt), weil er das Militär mit Steinen beworfen haben sollte. Eine Frau, die bei ihrer Festnahme angeblich einen Polizisten geschlagen hatte, erhielt dafür ein Jahr Zuchthaus.[90]

Nach dem Schock der Französischen Revolution und der Revolutionskriege der 1790er Jahre waren weder Preußen noch die anderen deutschen Staaten gegenüber protestierenden Unterschichten zu Nachsicht bereit und hatten auch kein Verständnis für die Moral und die Rechtsauffassung der Unterschichten.[91] Die oberste Aufgabe von Staatsgewalt und Rechtssprechung war es, die staatliche Ordnung sowie Sicherheit der (bürgerlichen) Person und des (bürgerlichen) Eigentums zu gewährleisten. Das bekamen die protestierenden Unterschichten sogar körperlich zu spüren, wie die Verhängung von Körperstrafen in Preußen bis 1848 zeigt. Die Moral und politische Kultur, die Forderungen und Aktionen der Unterschichten bestimmten, wurden von den Staatsorganen vielleicht nicht gesehen, jedenfalls nicht akzeptiert. Sie demonstrierten Macht und drängten die Unterschichten damit schon im Übergang von der vorindustriellen zur industriellen Gesellschaft ins Abseits.[92]

3. Kapitel: Die Protestträger

Zusammensetzung, Organisations- und Kommunikationsstrukturen des Unterschichtenprotests

Trägerschichten

Kants Unterscheidung zwischen »bürgerlichem Ganzen« und »rottierendem Pöbel« darf nicht als eindeutige soziale Abgrenzung zwischen Bürgertum und Unterschichten verstanden werden.[1] Es gab im ausgehenden 18. Jahrhundert Protestaktionen, die von bürgerlichen oder bäuerlichen Schichten durchgeführt wurden, so 1794 und 1796 von wohlsituierten Zunftwebern in Augsburg und Nördlingen[2] oder 1793 von reichen Bauern des Hildesheimer bzw. des Bückeburger Landes.[3] In Augsburg und Nördlingen zwangen die Zunftweber die beiden reichsstädtischen Magistrate, ihnen das Marktmonopol zuzugestehen, in Hildesheim und Bückeburg ging es den Bauern um die Mitsprache in der Landespolitik. Diese Gruppen, »rottierender Pöbel« im Sinne Kants, sind nicht den Unterschichten zuzuordnen, d. h. bei ihrem Protest handelt es sich nicht um Unterschichtenprotest.

Ist im Fall der Augsburger und Nördlinger bzw. der Bückeburger und Hildesheimer Proteste die soziale Zuordnung der Protestierenden relativ einfach, so bleibt für die Subsistenzproteste, die eigentlichen Unterschichten-Proteste des ausgehenden Ancien régime, eine präzise Zuordnung der Trägerschichten schwierig. Das gilt vor allem für die Protestteilnehmer aus dem Handwerkerstand. Die Krise des Handwerks, dazu die rapid ansteigenden Preise der 1790er Jahre, ließen immer mehr Handwerker in die Gruppe derer absinken, deren Existenz nicht dauernd gesichert war. Faktisch gehörten sie zu den Unterschichten. Dabei handelt es sich primär um Vertreter der Massenhandwerke (Schneider, Schuster, Tischler), ferner der Handwerke mit kapitalistischer Entwicklungstendenz (Bau, Werften) oder um Handwerke, die durch die protoindustrielle Konkurrenz bedroht waren.

Obgleich von ihrer Existenzsicherung her gesehen zu den Unterschichten zu zählen, wollten sich die Handwerker, selbst wenn sie an Hungerprotesten teilnahmen, von dem »ganzen Pöbel« unterscheiden.[4] Der gemeinsame Kampf um den »gerechten Preis« führte keineswegs zu einer gemeinsamen sozialen Mentalität; die Handwerksmeister und auch die Gesellen wollten mit dem Pöbel nicht gleichgesetzt werden. Noch galten im täglichen Leben durchaus die scharfen Grenzen einer untergehenden Ständegesellschaft; man betonte soziale Unterschiede vielfach gerade deshalb, weil sie durch die gesellschaftliche Entwicklung immer stärker in Frage gestellt wurden. Die Handwerksmeister feierten ihre heile Zunftwelt, während draußen der Kampf um das tägliche Brot tobte, in den sie dann aber doch hineingerissen wurden. Die Aktionen auf den unterschiedlichen Bühnen erhellt das Gnadengesuch des Flensburger Schuhmachermeisters Mahrt, der – so heißt es in seinem Schriftstück – aus der Zunftstube kam, wo »unser Amt bey einem Meisterstück versammelt«, draußen aber von dem protestierenden »Haufe der Handwerker«, nach seinen Angaben, mit Gewalt zum Mitmachen gezwungen wurde. Daß die Zunftmitglieder, die Meister eingeschlossen, jedoch zumindest auch von sich aus zur Protestpartei stießen, beweist für Flensburg der Bericht des Magistrats, der für die kritische Phase des Aufruhrs feststellt: »Dem Pöbel gefiel die Ruhe gar nicht, man mußte einen neuen gefährlichen Ausbruch befürchten und daß sogar viele zünftige Handwerker, die bisher lieber zugesehen als mitgewürkt, sich hinreißen lassen könnten«. So gehörte denn auch neben dem Schuhmachermeister Mahrt der Kleinschmiedmeister Köster zu den Hauptakteuren des Protests. Er »feuerte« die Protestierenden an und forderte sie auf, »nicht aufzugeben, sondern beim Stück zu bleiben«.[5]

Auch in anderen Städten gingen die Magistrate davon aus, daß bei den Hungerprotesten Handwerker mit den Unterschichten agierten. In Rostock warf deshalb 1800 die Obrigkeit den Handwerksmeistern vor, sie hätten »ihre heiligste Bürgerpflicht [vergessen], um durch den Pöbel wohlfeilere Preise zu erzwingen«. In Aschersleben gelang es 1805 den Tuchmachermeistern, nach Ansicht der Regierung nur deshalb die Kartoffelkeller der Großhändler zu visitieren, weil »ihr Verlangen ... durch die dabeystehende Schaar des Pöbels mit Gewalt durchgesetzt werden« konnte.[6] Dort, wo die Handwerker über politischen Einfluß auf die Ratsgremien verfügten, waren sie bestrebt, ihn bei Hungerprotesten mit Hilfe »der Straße« zu verstärken. In Rothenburg o. d. T. erzwang auf diese Weise 1795/96 der »gemeine Handwerksmann« durch Besetzung des Rathauses die Anlegung eines Kornmagazins. In Verbindung mit den Tagelöhnern und anderen Unterschichtengruppen nahmen 1795 in Barth/Pommern die Handwerker für sich in Anspruch, während der Hungerzeit gegenüber dem Rat die »vereinigte Bürgerschaft« zu vertreten.[7]

Handwerker befinden sich unter den Protestierenden in Altona (1794), Barth/Pommern (1795), Greifswald (1795), Flensburg (1795), Rothenburg ob der Tauber (1795), Solingen (1795), Wismar (1798), Güstrow (1800), Rostock (1800), Halle an der Saale (1805), Wettin (1805) und Aschersleben (1805). Die Fülle der Beispiele zeigt, daß die Obrigkeit sich in der Auseinandersetzung mit dem »rottierenden Pöbel« bei den Hungerprotesten nicht mehr generell auf die Loyalität der Handwerker verlassen konnte. Um die Handwerker vom Protest bzw. vom Zusammengehen mit dem Pöbel abzuhalten, beschwor die Obrigkeit deren »Patriotismus« (Hamburg 1791) bzw. deren »Vaterlandsliebe« (Nürnberg 1795). Zur Situation in Hamburg, wo sich beim Aufstand von 1791 nicht nur die Handwerksmeister, sondern auch die Gesellen von den Protesten der Manufakturarbeiter distanzierten, stellt ein Beobachter begeistert fest: »Es war ein rührender und sehenswerter Anblick, wenn man am Rathaus lauter bewaffnete Bürger Mann an Mann gestellt stehen sah – und zwar man fühle es!!! – ohne Rangordnung den Kaufmann neben seinem Arbeitsmann«. Als Feind der Ordnung galt der »Pöbel ..., den man zu fürchten hatte«, wovon man die Gesellenschaften in ihrer »mustergültigen Ordnung« ausnahm, obgleich sie den Anlaß zu diesem Aufruhr gegeben hatten.[8] Ähnlich war es 1795 bei dem sogenannten Eierkuchenaufstand in Nürnberg, bei dem die Handwerker loyal zum Magistrat standen, die protestierenden Unterschichten aber von den Kaufleuten unterstützt wurden, die aufgrund der patrizischen Ratsverfassung in Nürnberg von der Ratsherrschaft ausgeschlossen waren. In seinem Mandat vom 11. 4. 1795 beschwor der Rat »die Vaterlandsliebe ächter deutscher Reichsbürger« und deren »edlen Gemeinsinn« und hob sie ab von der »Gesinnung einer Rotte zügelloser und pflichtvergessener Menschen«.[9] Die Betonung des »Patriotismus« und der »Vaterlandsliebe« läßt vermuten, daß die Loyalität breiter Gruppen der Bevölkerung gegenüber der Obrigkeit bei den Subsistenzprotesten eher die Ausnahme darstellte.

Trotz der schwierigen Zuordnung der Handwerker läßt sich zur Sozialstruktur der Protestierenden in den 1790er Jahren festhalten: Trägerschicht waren bei den meisten Protestaktionen die Unterschichten, d. h. die Manufakturarbeiter, Heimgewerbetreibenden, Tagelöhner und Pauperisierten, mit einem nicht unwesentlichen Anteil Frauen und Jugendlicher. In der Reichsstadt Lübeck zählten zur Unterschicht sogar die Stadtsoldaten, deren Sold für die Subsistenz nicht mehr ausreichte.[10] Dazu kamen immer mehr Handwerker, auch wenn diese sich in ihrer Selbsteinschätzung von den Unterschichten zu unterscheiden versuchten. Im ländlichen Bereich bildeten das Protestpotential die unterbäuerlichen und kleinbäuerlichen Schichten, die durch zeitraubende Dienstpflichten, durch zu hohe Abgaben oder durch den Verlust der Allmendeflächen in ihrer Existenz bedroht waren.

Diese soziale Zusammensetzung der Protestierenden veränderte sich auch in den 1830er Jahren und im Vormärz nicht wesentlich, wie H. Volkmann nachgewiesen hat.[11] Nach seinen Berechnungen setzte sich die »Protestpartei« wie er es bezeichnet, zu 70 % aus Unterschichten-Angehörigen zusammen. Gemeint sind damit Handwerksgesellen, Arbeiter und Tagelöhner. Das bürgerliche Protestpotential, die verbleibenden 30 %, bildeten Handwerker, Studenten, aber auch die Angehörigen freier Berufe, nämlich Journalisten, Advokaten und Wirte. Auf dem Lande bildeten bis zur Revolution von 1848/49 die durch die Ablösung des bäuerlichen Besitzes in ihrer Existenz bedrohten klein- und unterbäuerlichen Schichten, ferner die landlosen Insten/Einlieger die Trägerschicht des Protests.

Der »Protestpartei« stand, so Volkmann, die »Ordnungspartei« gegenüber, wobei Partei nicht im modernen Sinn zu verstehen ist. Partei meint hier die Gruppierungen, die sich im Protest gegenübertraten. Die soziale Gliederung der »Ordnungspartei« spiegelt sich in der Zusammensetzung der Bürgerwehren wider.[12] Es sind primär Angehörige des Besitz- und Bildungsbürgertums, aber auch des Handwerks. Um die protestverdächtigen Schichten von vornherein von der Ordnungspartei auszuschließen, wurde z. B. in Güstrow 1800 festgesetzt, daß bei der Aufstellung der Wachen »keine Tagelöhner, sondern nur Professions-Bürger« zu nehmen seien, was allerdings nicht verhinderte, daß sich unter den Protestierenden Handwerksmeister und -gesellen befanden. In Döbeln/Sachsen sollten 1790 »die angesehenen Personen die Wachen ... selbst beziehen und solche an keine Tagelöhner verlohnen.«[13] Auch nach 1815, als die Bürgerwachen zur Niederwerfung der Tumulte eingesetzt wurden, war der Staat bestrebt, allen vermeintlich illoyalen Gruppen den Eintritt in die Bürgerwachen zu verwehren. Das betraf in den Industriegebieten vor allem die Arbeiter. Der Fabrikenprotest in Eupen (1821) hatte gezeigt, daß »auf die Bürgermilitz ... kein Verlaß war, indem dieselbe zum Theil aus Arbeitern« bestand. Deshalb wurden vom Landrat alle Kaufleute aufgeboten, um die Gendarmerie bei der Wache zu unterstützen.[14] Staat und Bürgertum verband das gemeinsame Interesse an der »Erhaltung der Ruhe und bürgerlichen Ordnung«, darum sollte nach Weisung des preußischen Innenministeriums bei der »Auswahl der Mitglieder« der Bürgerwehren »größtmöglichste Aufmerksamkeit« angewendet werden. In Aachen wurden gar keine Fabrikarbeiter in die Bürgerwache aufgenommen, in Iserlohn nur mit Erlaubnis des Fabrikanten. Die Zahl der Arbeiter sollte hier zudem in der Bürgerwehr ein Drittel der Gesamtzahl nicht überschreiten. In Krefeld empfahl bei der Aufstellung der Bürgerwache 1824 die Regierung in Düsseldorf, »die größt möglichste Aufmerksamkeit« zu haben und »bei der Wahl aus den verschiedenen Bürgerklassen besonders geeignete und die allgemeine Achtung genießende Männer zu Rathe zu ziehen«. Geeignet seien nur Männer, »welchen vorzüglich an der Handhabung und Erhaltung der Ruhe und Ordnung gemäß ihrer Verhältnisse gelegen« ist.[15]

Die Skepsis gegen nicht-bürgerliche Schichten unter Waffen war kein preußisches Spezifikum; auch in Braunschweig bildeten »bürgerliches Mißtrauen gegenüber den Unterschichten und die obrigkeitliche Anschauung vom Besitz als dem Garanten von staats- und ordnungserhaltender Zuverlässigkeit ... den ideologischen Hintergrund der Gardenbildung« (Husung). War diese ideologische Basis nicht gewährleistet, wurden Kommunalgarden nicht geduldet. Doch auch wenn die Garden von »guten Bürgern« getragen wurden, blieb die Skepsis des Staates gegenüber dieser Waffengewalt außerhalb des Heeres. Selbst bei Protesten wurde ihre Einrichtung von den Behörden nur mit den größten Vorbehalten erlaubt, für Berlin 1825 sogar ganz verboten.[16]

Die Bedeutung der Bürgergarden war freilich beschränkt. Denn dem Staat war daran gelegen, auch in der Auseinandersetzung mit dem »rottierenden Pöbel« sein Gewaltmonopol zu behaupten und es nicht an bürgerliche Gruppen abzutreten. Soweit möglich setzte er auf das Militär, das rücksichtslos vorging. In Breslau ließ 1793 General von Dolff mit einer Kanone auf protestierende Gesellen und Unterschichten schießen. Vermutlich dreiundfünfzig Menschen kamen dabei ums Leben. Das Militär antwortete mit dieser Kanonade auf Steinwürfe aus dem Volkshaufen. Trotz der sich ständig wiederholenden Gewaltaktionen des Militärs hielt sich bei den protestierenden Unterschichten der Glaube, die Soldaten könnten den Angriffsbefehl ihrer Vorgesetzten verweigern, »weil sie doch unsere Söhne und Brüder« sind, wie es in einem schlesischen Aufruhrzettel heißt. Ein solches Verhalten war jedoch eine ganz seltene Ausnahme, etwa 1794 in einem Dorf in Holstein, wo Soldaten sich weigerten, »Hand an die Landsleute zu legen«. In den Unterschichten hielt sich jedoch noch lange die Hoffnung, die Armee könnte als Armee eines gerechten Königs dem Volke zur Hilfe kommen.[17]

Die Bürgerwehren standen bei gewaltsamen Auseinandersetzungen mit dem »rottierenden Pöbel« an Rücksichtslosigkeit dem Militär kaum nach. Als es 1830 in Aachen zum ersten Mal zu einer Auseinandersetzung zwischen Bürgerwehr und protestierenden Unterschichten kam, verloren sieben Arbeiter ihr Leben. Noch in der Revolution von 1848/49 gab es bei ähnlichen Anlässen Todesopfer unter den Arbeitern.[18]

Frauen und Jugendliche als Protestträger

Als eine wichtige Gruppe traten bei den Subsistenzprotesten seit den 1790er Jahren die Frauen hervor. Obwohl nicht so stark wie in Frankreich, bestimmten sie auch in Deutschland wesentlich die Aktionen mit. Bisweilen führten sie sie sogar allein durch, so 1790 in Boppard, 1795 in Altena, 1805 in Aschersleben, 1847 in Hamburg.[19] Sie fürchteten dabei auch nicht die Auseinandersetzung mit dem Militär. Bewundernd schrieb Georg Forster, als er im März 1790 in Boppard eintraf, wenige Tage nachdem dort die Frauen im Kampf um die Nutzung des städtischen Waldes die Rathaustreppe erstürmt hatten, daß »300 Mann Exekutionstruppen den Mut der Weiber dämpfen mußten, die sich gegen eine mißverstandene Verordnung aufgelehnt und einigen Soldaten blutige Köpfe geschlagen hatten».[20] Die Aktionen richteten sich hier gegen den Rat, bei dem, wie 1795 in Altena, recht handgreiflich »um Hilfe nachgesucht« wurde. Das wichtigste Aktionsfeld war der Markt, wo die Hausfrauen in Teuerungszeiten täglich den »Wucher« der Kaufleute erlebten.

Der Anlaß zum Aufruhr 1805 in Halle, »der in Thätlichkeiten ausgebrochene Zwist eines entflammten Weibes«, wurde von den Behörden als nicht bedeutend hingestellt. Vermutlich ereigneten sich dergleichen »Thätlichkeiten« häufiger, ohne daß die Behörden davon Notiz nahmen. In Halle unterschätzte die Obrigkeit jedoch die Aktivität der achtunddreißigjährigen Ehefrau des Tagelöhners Schmidt, die, wie es später in der Anklageakte heißt, »den ersten Zusammenlauf des Pöbels vorsätzlich veranlaßt, indem sie den Herbeilaufenden entgegenrief: der Hund muß heraus, der ist an der Theuerung schuld«. Außerdem sei sie durch die Straßen gelaufen und habe geschrien: »Ich bin der Urheber! Ich habe es angefangen! Bürger, Ihr seyd Hundsfötter, wenn Ihr mich im Stich laßt!«[21] In Wettin war es die Frau des Victualienhändlers Hirschbrunst, die »anreizende Reden« hielt; »wenn sie 50 Mann beisammen hätte, sollte es hier ebenso gehen« wie tags zuvor in Halle; sie forderte die Umstehenden auf: »Nun, was wirds denn! wollen wir oder wollen wir nicht? Folgt mir, ich gehe voran und breche die Bahn!« Wie es in dem amtlichen Bericht dann weiter heißt, erfolgte das »gewaltsame Erbrechen der Thür des Speichers ... von Seiten eines Weibes, die [!] ein Beil herbeigeschafft hatte«.[22]

In Aschersleben war es am 18. Juni 1805 die vierzigjährige »von ihrem Ehemann, einem Soldaten, separiert lebende Wagemann«, die dem Volkshaufen vor dem Haus des Kornhändlers Teudloff zurief: »Was steht Ihr hier! Macht ein Ende daraus! Greift an!«[23] Unter dem Eindruck der Vorfälle in Halle und Wettin hatte in Aschersleben der Aufruhr »durch Geschrey und Raesoniren« der Frauen begonnen, die auf dem Rathaus »Brodzettel« erhielten, sich dabei über die »Theuerung« beschwerten, deshalb vor die Häuser der Kaufleute zogen und »mit Ungestüm Kartoffeln und Stroh verlangten«. Als Anstifterin galt die vierzigjährige Frau des Lumpensammlers Prignitz, die »bey Gelegenheit der Austeilung der oben erwähnten Brodzettel im Rathause mehrere Weibspersonen aufgefordert hat, mit ihr in das Teudloffsche Haus zu gehen und dort Kartoffeln und Stroh zu holen, daß sie auf deren Weigerung erwidert: sie hätten nur das große Maul, wenn es aber losgehen sollte, wollte keiner mit! daß sie durch dergleichen Überredung wirklich einen Trupp Weiber zusammengebracht hat und mit ihnen nach dem Teudloffschen Hause gegangen ist«.[24]

Die Wut der Frauen entzündete sich an der Knappheit von Lebensmitteln bzw. an der Teuerung, die durch den Export verursacht wurde und die es »dem gemeinen Manne unmöglich machte, das theure Korn zu bezahlen«, wie der Magdeburger Regierungspräsident v. Bülow nach den Aufständen eingestand. Schon einen Tag vor dem Aufruhr in Halle war angeblich von der Frau des Tuchmachermeisters Voigt (»eine Person, die wenigstens zu Tumulten sehr geneigt ist«) geäußert worden: »einer muß den Anfang machen! Gott wird geben, daß wir wieder Korn kriegen, und wenn sie dann wieder eine Fuhre ausfahren laßen, so soll die Stadt lichterloh verbrannt werden!« Ein ähnlicher Radikalismus findet sich auch in den Aufforderungen anderer Frauen. Eine der »ersten Teilnehmerinnen des Tumults, Marie Müller, vierundzwanzig Jahre alt, ein »liederliches Weibsbild« rief: »Nun müßte erst die Stadt angesteckt werden, dann würde es gut!« Kampfmittel der Frauen waren »bedrohliche Reden« und »entsetzliches Geschrey«, wenn sich die Kaufleute widersetzten,[25] aber auch Gewalt, wenn ihnen die Kornböden nicht geöffnet wurden.

Die Strafen des Staates fielen hart aus: »Die verehelichte Prignitz [ist zu bestrafen] mit einer Züchtigung von 40 Peitschenhieben in zweien Tagen, sofern sie selbige, nach nochmaliger Untersuchung ihrer angeblichen Schwangerschaft ertragen kann, und mit dreyjähriger Zuchthaushaft ..., die Witwe Laue mit 15 Peitschenhieben ..., die verehelichte Wagemann mit 20 Peitschenhieben ..., die verehelichte Marie Müller mit 15 Peitschenhieben ...« usw. Die Züchtigungen waren öffentlich vorzunehmen.[26]

Trotz solcher Strafen bestimmten auch bei den Hungeraufständen der 1840er Jahre die Frauen weitgehend das Protestfeld. »Zwei robuste Frauen setzten« in Hamburg »die ganze Affäre in Szene [und] gingen dem Zuge voran«. In Berlin »feuern Frauen durch aufrührerische Reden« die Menge an. In Stettin wurden bei dem Protest am 24. 4. 1847 »einige der den Landsleuten Kartoffeln wegnehmende Weiber« zwar verhaftet, aber »durch die Masse« wieder befreit. In Stolp setzte sich der Protestzug am 14. 4. 1847 »fast aus lauter Weibern« zusammen.[27] Wie 1805 so dienten auch jetzt die Schürzen zum Transport sowohl von Steinen als auch von Kartoffeln, Erbsen und Korn. Mit den Hungerprotesten von 1847 enden die selbständigen Aktionen von Frauen.

Neben der Teilnahme von Frauen wird in den Polizei- und Presseberichten immer wieder das Mitwirken Jugendlicher an Unterschichtenprotesten hervorgehoben. H. Volkmann geht davon aus, daß bei den Unruhen zwischen 1830 und 1832 »in mehr als einem Drittel aller tumultarischen Volksunruhen ... Jugendliche so aktiv [sind], daß sie das Bild der Protestpartei mitbestimmen«.[28] Für die Aktivität Jugendlicher, vor allem von Lehrlingen, bei Protesten gibt es in den Quellen auch für die Zeit zwischen 1790 und 1805 zahlreiche Hinweise.

Unter den erschossenen Gesellen des Breslauer Aufstands von 1793 befanden sich zwei zwölf und fünfzehn Jahre alten »Knaben« und drei »Lehrburschen« im Alter von sechzehn und siebzehn Jahren.[29] In den Edikten, so im preußischen Edikt vom 18. 11. 1796, wurden die Meister aufgefordert, dafür Sorge zu tragen, daß die Gesellen und Lehrlinge an »keinem etwaigen Auflauf Antheil nehmen«, sondern ruhig in ihrer Werkstätte bleiben.[30] Dieses Gebot wurde aber wohl nicht konsequent eingehalten, zumal wenn die Meister selbst an Hungerprotesten beteiligt waren bzw. sie guthießen. So wurden in dem Prozeß gegen die Aufständischen des Wettiner Hungerprotests von 1805 Kinder und Jugendliche im Alter von sieben bis vierzehn Jahren »zur Ruthenzüchtigung [verurteilt], weil sie in ihren Hüten, Schürzen und Schurzfellen ihren Eltern oder Meistern Getreide zugeschleppt haben«.[31]

Der Schritt von der Unzufriedenheit zum Aufruhr lag für Jugendliche besonders nah. Sie ließen sich davon weder von der Polizei noch vom Militär noch von einer Besatzungsmacht zurückhalten. Beim Hamburger Aufstand gegen die Franzosen im Februar 1813 bestand nach Jakob Audorf »die Avantgarde der Angreifer ... zum größten Theil aus Jungens von zwölf bis sechszehn Jahren«.[32] Sie waren die eigentlichen Initiatoren dieses Protests und »zwangen« durch ihre Aktionen die Erwachsenen, sich in die Auseinandersetzung einzuschalten. Aufgrund einer ähnlichen Initiative von Jugendlichen entwickelten sich 1830 die Leipziger September-Unruhen: »Der einmal aufgereizte Haufe aber zog sofort vor das Haus des Polizeipräsidenten ... und warf sämtliche Fenster des ersten Stockwerks, und zwar systematisch und mit vieler Ordnung ein. Die größern der Schlosser- und Schuhmacherlehrlinge warfen und die kleinern trugen in ihren Schürzen die Munition herbei. Drohten die Kräfte zu erlahmen, so wurden sie durch die Erwachsenen, welche zu Hunderten umherstanden, angefeuert und bei jedem geschickten Wurfe ertönte ein donnerndes Bravo«.[33]

Wie 1805 in Wettin, so waren es vor allem die Hungerproteste des Vormärz, bei denen die Jugendlichen aktiv wurden. In Norddeutschland sind sie zahlreich an den kollektiven »Kartoffeldiebstählen« beteiligt.[34] Auch für andere Regionen trifft das zu. Bei den Hungerrevolten in Berlin wurde eine Anzahl dreizehn- bis vierzehnjähriger Jungen bzw. Lehrlinge verhaftet. Die jüngeren wurden verprügelt und dann entlassen. Gegen die älteren, fünfzehn- und sechszehnjährige Lehrlinge, aber wurden Prozesse angestrengt.[35]

Neben Neugier und vielleicht der Lust am Schabernack war Hunger bei den Jugendlichen ein wichtiges Motiv. Eine Rolle spielte aber sicher auch Freude daran, daß beim Protest die geordnete Welt der Erwachsenen, deren Maßstäben die Jugendlichen sich sonst zu beugen hatten, ins Wanken geriet.

Organisation und Kommunikation

Die meisten Protestaktionen entstanden relativ spontan und konnten kaum länger als zwei oder drei Tage vorbereitet werden, dennoch gab es Ansätze zu ihrer Organisation. Bei den Hungerprotesten brachten Handwerker verschiedentlich ihre Organisationserfahrungen ein. Wie aus einigen Bemerkungen der Angeklagten des Flensburger Hungerprotests von 1795 deutlich wird, wurden Planung und Durchführung allerdings nicht in den Zunftstuben und Gesellenherbergen besprochen oder durch die offiziellen Zunftvertreter organisiert. Die Hauszimmerleute hatten sich zur Beratschlagung auf einem Feld getroffen. Das geschah auch im Oktober 1800 in Güstrow, wo die Zimmerleute sich in der Frühe beredeten, wie sie am besten eine Herabsetzung der Preise für Nahrungsmittel erreichen könnten. Beherrschten die Protestierenden erst einmal die Straße, bereitete die Kommunikation keine Schwierigkeiten mehr. Beratungen konnten dann öffentlich abgehalten werden. Nach dem Rostocker Aufstand von 1800 forderten deshalb bürgerliche Beobachter, in Zukunft »die Zusammenrottierung, das Besprechen, den Auf- und Zusammenlauf auf öffentlichen Gassen« als »Wiege« aller »gefährlichen Gärungen« zu verhindern.[36]

Während es einige Schwierigkeiten bereitete, bei Subsistenzprotesten unterschiedliche Trägergruppen zu organisieren, war die Organisation des Protests einer bestimmten Gruppe, etwa der Manufakturarbeiter, eher zu bewerkstelligen. Vielfach bildeten sich dabei im 18. Jahrhundert Traditionen heraus, auf die im 19. Jahrhundert die Arbeiterbewegung zurückgreifen konnte. Als 1795 bei einem Subsistenzprotest im Proto-Industriegebiet Altena/Westfalen gegen die Heimgewerbetreibenden der Vorwurf der »Zusammenrottirung« erhoben wurde, versuchten sie diesen Vorwurf durch das Argument zu entkräften, »daß das Versammeln der Fabrikanten von einem oder andern Fluß, worauf solche arbeiten ..., wenn sie etwas vorzustellen haben, bei dieser Fabrike etwas ganz gewöhnliches ist, und solches nichts weniger als ein Auflauf bezeichnet«.[37] Ähnliche Versammlungen haben vermutlich auch im Vorfeld des Solinger Protests 1795 stattgefunden, bei dem sich die Protestierenden mit einem vertrauten »Bruder bist Du auch hier« begrüßten. Wie in Altena, so lebten auch in Solingen die »Handwerker und Tagelöhner«, d. h. die protoindustriellen Heimgewerbetreibenden in der Klingenindustrie, nicht in der Stadt, sondern entlang einem Fluß über das Land verstreut. Ähnliches gilt für die Bleicher, Weber und Bergleute aus Witten, Herdecke, Hagen und Schwelm, die 1795 die Kornmagazine stürmten bzw. das für den Export bestimmte Getreide unter sich aufteilten. Im 19. Jahrhundert waren die Straße und Kneipen, wenn diese bei Protesten nicht von der Obrigkeit geschlossen wurden, die wichtigsten Kommunikationszentren. Den Tadel des westfälischen Oberpräsidenten, daß sich vor dem Ausbruch eines Iserlohner Fabrikenprotests (1840) die Fabrikarbeiter tagelang auf der Straße versammeln konnten, parierte der Iserlohner Landrat mit der aufschlußreichen Feststellung: »Versammlungen der Fabrikarbeiter auf den Straßen bei irgend außerordentlichen Gelegenheiten gehören zu den täglichen Erscheinungen.«[38]

Die Kommunikations- und einfachen Organisationsformen, die sich analog zu denen der Gesellen zunächst unter den Heimgewerbetreibenden, später unter den Fabrikarbeitern im Umfeld des Protests herausgebildet hatten, existierten auch noch während der Revolutionszeit 1848/49. Daneben entstanden aber in den größeren Städten neue Versammlungsformen der Arbeiter, zum Teil nach bürgerlichem Vorbild. Während sich in Iserlohn die Arbeiter im März 1848 in traditioneller Weise informell unter freiem Himmel versammelten und den Stadtmagistrat zwangen, eine Deputation »in Frack und hohem Hut« zu schicken, um die Forderungen der Arbeiter entgegenzunehmen, hatte sich in Köln ein Arbeiterverein gebildet, der sich – wie auch die Arbeitervereine in anderen Städten – mit Deputationen an den Stadtmagistrat wandte. In Köln geschah dies auf Initiative und unter Leitung des Armenarztes Andreas Gottschalk.[39]

Auch auf dem Land gab es bestimmte, zum Teil traditionelle Formen, Proteste zu organisieren. Wo in den 1790er Aufständen bäuerliche Mittel- und Unterschichten zusammengingen, verbanden sich mehrere Dörfer, die von derselben Grund- oder Gutsherrschaft abhängig waren. In Sachsen kamen die Bauern dabei oft in ihren »Schänken und Wirtshäusern zusammen und beratschlagten miteinander, wie sie bei der gegen sie etwaren zu gebrauchenden obrigkeitlichen Gewalt sich verhalten wollten«. Dabei wurden sie einig, »alle für einen und einer für alle zu stehen«.[40]

Um Bauern und bäuerliche Unterschichten über die eigene Grundherrschaft oder das eigene Kirchspiel hinaus für einen Protest zu gewinnen, schickte man Boten mit Flugblättern aus. Dementsprechend forschten 1790 anläßlich des Bauernaufstands in Sachsen die Untersuchungsrichter »vorzüglich« nach denjenigen, »welche die Reverse abgefaßt, Zusammenkünfte in ihren Häusern veranstaltet, oder sich als Bothen an andere Gemeinden hatten gebrauchen lassen«.[41] Das »Verbrechen eines armen Häuslers«, das diesem bei der Untersuchung vom Richter vorgeworfen wurde, bestand darin, »einigemal Briefe von einer Gemeinde zur andern getragen« zu haben.[42] Ähnlich wandten sich 1793 die Dorfbewohner von Niederlangenau im schlesischen Kreis Löwenberg, die die Zahlung des Grundzinses verweigerten, um Hilfe an die »lieben Leute« im »Sachsenland«.[43] Auch die Kaltenkirchener Insten versuchten 1794 auf diese Weise, die Insten anderer Kirchspiele für ihre Steuerverweigerungsaktion zu gewinnen. Auf einem Flugblatt, das der Amtmann in Travental (Kreis Segeberg) der Regierung in Glückstadt vorlegte (es war in seinem Amtsbezirk gefunden worden), fordern die Kaltenkirchener die Segeberger Heuerinsten auf, sich ihrem Steuerboykott anzuschließen, bis auch sie ihre Nutzungsrechte am Gemeindebesitz wiedererhalten würden. Solidarität wird in diesem Flugblatt in einer Sprache ausgedrückt, die an die Bibel erinnert: »... denn wir sind alle Tage bei Euch und verbleiben Eure getreuen Brüder bis in den Todt«. Dem schließt sich die Bitte um weitere Verbreitung des Flugblatts an: »Nun thut es Euch von Dorf zu Dorf wißen«. Eine Solidarisierung der Insten des Segeberger Kirchspiels mit den Kaltenkirchenern kam jedoch nicht zustande.[44]

Im Gegensatz zum Bauernkrieg von 1525 hatten die »Aufruhrzettel« und »Reverse« – von einer Ausnahme abgesehen – nicht die Qualität von Programmschriften. Die Ausnahme war das Promemoria des sächsischen Seilergesellen J. B. Geissler, der darin die Forderungen der aufständischen Bauern formulierte. Die Schrift wurde von den Behörden zwar sehr schnell konfisziert, konnte vorher jedoch mehrfach abgeschrieben werden. Häufig gaben sich die Aufruhrzettel den Anschein, als seien sie Programmschriften einer großen Verschwörung, wie die der »verschworenen 20000 Mann des sächsischen Landes von 1790« oder der Brief aufständischer schlesischer Bauern von 1793 an die Bewohner der kursächsischen Lausitz, in dem die Rede von 13000 Mann ist, die nach Sachsen kommen wollen, um unter Edelleuten oder Advokaten aufzuräumen. Konkreter waren die Aufrufe zu einer bestimmten Aktion wie der erwähnte Brief der Kaltenkirchener Heuerinsten an die Insten im Kirchspiel Segeberg oder die Aufrufe der schlesischen Weber, 1793 an der Kirchtür in Hirschberg und am Rathaus in Waldenburg angeschlagen.[45] In Halle wurden noch vier Tage nach der eigentlichen Protestaktion vom 16. 6. 1805 »Zettel« mit Aufruhrlosungen gefunden. Auch bei den Protestaktionen nach 1815, so bei dem Krefelder Seidenweberprotest 1829, wurde auf Aufruhrzettel als Kommunikationsmittel zurückgegriffen.[46] Es gab sie nicht nur auf dem Lande.

Die Forderungen auf den Aufruhrzetteln lassen Rückschlüsse auf die konkrete soziale Situation der Protestierenden zu. Die bäuerlichen Forderungen richteten sich gegen die Adligen und die von ihnen geforderten Dienste der Bauern, sie richteten sich gegen Advokaten, Steuern und Steuereinnehmer, gegen die Beamten überhaupt. Die Proteste der Weber zielten gegen das Handelskapital (Kaufleute und Leinwandhändler), aber auch gegen das Landhandwerk, das nebenberuflich Weberei betrieb. Die Aufruhrzettel der Hungerproteste 1805 in Halle polemisierten gegen Bürger und Professoren, die sich der Ordnungspartei zur Verfügung gestellt hatten, oder aber generell gegen die Reichen: »Stürmt die Reichen! Plündert die Reichen!«

Die bäuerlichen Aufruhrzettel aus den 1790er Jahren enthalten starke Anklänge an die Sprache der Bibel, zum Teil sind sie als Gebet verfaßt. Das nimmt ihnen aber nichts von ihrer Radikalität. Auch die Argumente lehnen sich an biblische Bilder und Forderungen an. Das findet man auch im 19. Jahrhundert in bäuerlichen Beschwerden und Bittschriften. Manche Aufruhrzettel sind als Schmäh- und Spottlieder abgefaßt, wohl damit der Leser sich den Inhalt besser einprägt. Diese Form begegnet auch im Vormärz, vor allem aber in der Revolution von 1848. Zum Singen waren diese Lieder freilich zumeist nicht geeignet. Eine Ausnahme ist das sogenannte »Nachtwächterlied«, das 1798 im Schlesischen Gebirge als Aufruhrlied gesungen wurde. Leider ist von ihm nur der Kehrreim überliefert. Er lautet:

»Ein Hundsfott muß der Deutsche sein,
der jetzt mit den Franzosen nicht stimmet ein:
Der Teufel hole den Adel und Pfaffen.«

Die Verfasser dieses und anderer Lieder sind unbekannt. In einem Fall, dem Protestlied der Wiener Seidenweber, wissen wir aber, daß diese sich 1792 von einem Bänkelsänger dichten ließen. Es klagt die Herrenwillkür und Ausbeutung an. Die wohl bedeutendste Schöpfung unter diesen Liedern ist das »Blutgericht«, das Lied des schlesischen Weberaufstandes 1844.[47] Die Aufständischen sangen es zunächst bei ihren Katzenmusiken vor dem Haus des Fabrikanten Dierig, später dann bei ihren Umzügen. Auch die Weinsberger Aufständischen von 1848 hatten ein eigenes Lied, in dem sie sich als »wahrhaft ein rechtschaffener Pöbel« bezeichneten.[48] Die Tradition der Protestlieder setzte sich in Schlesien bis in die Arbeiterbewegung fort; auch in den ADAV-Gemeinden der Weberdörfer entstanden nach 1863 zahlreiche Solidaritäts- und Propagandalieder.[49]

Das Problem der Solidarisierung

Der Ausruf der protestierenden Frau Schmidt 1805 in Halle: »Bürger, Ihr seid Hundsfötter, wenn Ihr mich im Stiche laßt!«, läßt etwas von den Schwierigkeiten der Solidarisierung bei Protestaktionen ahnen. Während beim Hungerprotest noch der gemeinsame Hunger verband, waren beim Fabrikenprotest im 19. Jahrhundert nicht von vornherein alle Arbeiter für Proteste zu gewinnen. Der industrielle Modernisierungsprozeß hatte unter den Arbeitern zu einer starken sozialen Differenzierung geführt.

Die Fabrikenproteste des Vormärz zeigen, daß Heimgewerbetreibende und die Arbeiter in den Fabriken kaum dieselben Interessen hatten, Solidarität also nicht ohne weiteres gegeben war. Den Kader der meisten Fabrikenproteste des Vormärz bildeten die Heimgewerbetreibenden, die sich gegen die ständigen Lohnkürzungen durch ihre Verleger-Fabrikanten zur Wehr setzten. Die Angst vor weiteren Einkommenseinbußen oder gar Arbeitslosigkeit war in dieser Gruppe sehr groß, vereinzelt mag auch die Angst vor dem sozialen Abstieg eine Rolle gespielt haben, so bei den Tuchscherern im Aachen-Eupener Raum.[50] Die eigentlichen Fabrikarbeiter solidarisierten sich mit den Heimgewerbetreibenden kaum, außer wenn sie selbst ihre Entlassung oder einschneidende Lohnkürzungen befürchten mußten. Meistens wurden sie von den nicht in den Fabriken arbeitenden Heimgewerbetreibenden zur Solidarisierung gezwungen. Es kam auch vor, daß sie sich diesem Zwang widersetzten und auf der Seite der Fabrikanten, Faktoren oder Kommis gegen die die Fabrik stürmenden Protestierenden kämpften. Insbesondere die Maschinenarbeiter versuchten, sich von den Protestierenden zu distanzieren. Sie sahen ihre Position nicht gefährdet und fühlten sich mit den Protestierenden durch nichts verbunden. In Berlin stellten sie sich im Revolutionsjahr 1848 unbewaffnet zwischen die Bürgerwehr und das »tobende Volk«.[51]

Auch im bäuerlichen Bereich hatte nach den Agrarreformen des beginnenden 19. Jahrhunderts ein sozialer Differenzierungsprozeß eingesetzt, der 1848 relativ weit fortgeschritten war. Bäuerliche und unterbäuerliche Schichten standen sich schroff gegenüber. Doch im Gegensatz zum Fabrikenprotest, bei dem es den Heimgewerbetreibenden vielfach nicht gelang, die Fabrikarbeiter für gemeinsame Protestaktionen zu gewinnen, vermochten bäuerliche Gruppen häufig das gesamte Dorf in einer Protestphalanx zu einen. Mit Gewalt verhinderten die Bauern eigene Proteste von Häuslern und Landarbeitern, um ihre Forderungen, speziell eine weitgehende Aufteilung des Landbesitzes, in die Öffentlichkeit zu tragen.[52]

Die Protestierenden fühlten sich zwar subjektiv »im Recht«, verstießen objektiv aber gegen das Gesetz. Deshalb war es für sie wichtig, daß die Berechtigung ihrer Forderungen durch die Beteiligung vieler an dem Protest sozusagen dokumentiert wurde. Das führte vielfach zu einer erzwungenen Solidarisierung. So verlangten die Kaltenkirchener Protestierenden von allen Heuerinsten, die sich an der Protestaktion nicht beteiligt hatten, die Zahlung von 7 Schilling Strafe.[53] Beim Aufstand in Sachsen beschlossen 1790 die protestierenden Gemeinden, »diejenigen Gemeinden, welche ihrem Beispiele noch nicht gefolgt waren, ... mit Gewalt dazu zu nöthigen.«[54] Dennoch war Solidarisierung nicht nur das Ergebnis von Zwang, wie einzelne Beamte behaupteten und wie es in den Prozessen von Angeklagten zu ihrer Entlastung häufig vorgebracht wurde. Vielfach beweist die Haltung Angeklagter vor Gericht auch gerade umgekehrt ein hohes Maß an Solidarität, indem »keiner ... den anderen verrathen [wollte] und sie thaten, als wenn sie sich untereinander gleichsam nicht kannten«.[55]

Die Formierung der Protestpartei war kein willkürlicher Akt, kein Ergebnis einer emotionalen Aufwallung; vielmehr beweisen die Überzeugungsarbeit, die im Vorfeld geleistet wurde, und die Diskussionen, die die Aktionen begleiteten, daß Ziel und Aktion immer wieder durch die Agierenden reflektiert wurden. Während des Kaltenkirchener Instenaufstandes zogen sich die Protestierenden auf dem Hof des Vogts wiederholt zu Beratungen zurück und faßten neue Beschlüsse. Dergleichen konnte durchaus zu handfesten Auseinandersetzungen führen. Das zeigt das Beispiel der Weber in Peterswaldau, die nach einer langen Diskussion, bei der Meinungsverschiedenheiten auch handgreiflich ausgetragen wurden, beschlossen, die Protestaktionen in dem benachbarten Lagenbielau durchzuführen.[56]

Symbolik

Die Aufständischen des Bauernkrieges von 1525 hatten mit der Bundschuh- und Regenbogenfahne ein eigenes soziales Symbol. Das fehlt den Aufständen der 1790er Jahre. Lediglich bei den protestierenden Gesellen in den Frankreich benachbarten Territorien tauchte bisweilen die Kokarde als Symbol auf. Die Obrigkeit reagierte darauf und überhaupt auf Protestsymbole sehr empfindlich. Die Mainzer Polizei verhaftete nach dem Gesellenaufstand 1790 einen Winkelier, der in seinem Laden angeblich Kokarden verkauft hatte.[57] In Köln arretierte die Polizei zwei Wochen nach der Kanonade von Valmy, Anfang Oktober 1792 in einem Wirtshaus »eine Partie Menschen von der untersten Klasse, ungefähr 150 an der Zahl, worunter Männer, Weiber und Kinder waren«, weil sie angeblich »eine Art von Freiheitsbaum aufrichten wollten«. Die Verhafteten erklärten jedoch, »daß sie zwar einen alten Rosmarinbaum, den sie auf der Straße gefunden, mit ins Bierhaus genommen«, doch »hätte niemand von ihrer Gesellschaft im Sinne gehabt, der französischen Freiheit zu huldigen«.[58]

Statt einer sozialen Symbolik gab es in den 1790er Jahren lediglich Erkennungszeichen. Als ein solches Zeichen vereinbarten die aufständischen Bauern in Schlesien ein Büschel am Hut: »Sammelt Euch um Reichenbach, dann wollen wir mit Reichenbach ein Ende machen. Wer Freiheit gesinnt ist, der stecke sich ein Reisel auf den Kopf«, heißt es 1793 in einem schlesischen Flugblatt.[59] In Halle a. d. Saale war es

1805 eine Leiter. Nach ihr richtete sich der Zug. Beim Protest der Hamburger Manufakturarbeiter 1791 trugen diese statt Fahnen Latten mit sich, die sie von einem Zaun abgerissen hatten.[60]

Beim Protest der Fabrikarbeiter im 19. Jahrhundert dagegen spielte die Fahne eine wichtige Rolle. Die rote Fahne, die »Blutfahne«, das spätere Symbol der Arbeiterbewegung, taucht zum ersten Mal 1830 beim Fabrikenprotest in Aachen auf. Von da ab gehört die Fahne, wenn auch nicht immer als rote Fahne, zu den Protestzügen dazu, selbst wenn es nur eine »alte Bohnenstange mit einem grauen Papier« ist wie 1840 beim Iserlohner Aufstand. Sogar die von dem Fabrikanten Dierig in Langenbielau zur Verteidigung der Fabrik geworbenen Arbeiter versahen sich »mit einer einfachen Fahne«, um auf die Gegenpartei loszugehen.[61] Fahne und Protestzüge übernahmen die protestierenden Arbeiter des Vormärz von den Gesellen des Ancien régime: bei dem Hamburger Protest von 1791 hatten die Gesellen alle Fahnen der Gewerke mitgeführt, um der Öffentlichkeit ihr Anliegen zu verdeutlichen.[62] Das scheint auch der Sinn der Fahnen und Demonstrationszüge bei den Fabrikenprotesten gewesen zu sein. Für die Hungerproteste ist ein ähnliches symbolisches und demonstratives Element nicht überliefert. Die Umzüge der Hungerprotestler führten lediglich zu dem Haus des Kaufmanns, den es zu bestrafen galt, oder auf den Markt. Die Züge der Arbeiter des Vormärz dagegen sollten Stärke und Geschlossenheit beweisen, deshalb marschierten sie »vereint«, »in Reih und Glied« nicht nur mit Fahnen, sondern auch mit »Trommeln und Trompeten«. In Peterswaldau zogen die Weber nach der Zerstörung der Wohnung des Fabrikanten Zwanziger erst einmal zwei Stunden mit einer Fahne an der Spitze durch den Ort und sangen das »Blutgericht«.[63]

Während die Unterschichten erst allmählich eine eigene Sozialsymbolik entwickelten, achteten sie bei ihren Zerstörungs- oder Bestrafungsaktionen in den 1790er Jahren sehr genau auf die Symbole von Reichtum und Macht. In Breslau verwüstete der Pöbel 1793 nicht nur die Wohnung des Polizeidirektors, sondern demontierte vor allem dessen Kutsche als auffälligstes Statussymbol. Die Aufständischen brachten ein Rad des Wagens »auf die Antonigaß, dort wurde es zerschlagen und vertheilet«, einen Teil des Wagens »rißen sie bey der Staupsäule entzwei«. Die Macht des Polizeidirektors, in seiner Kutsche symbolisiert, teilten sie untereinander auf, er selbst wurde an der Staupsäule symbolisch bestraft.[64]

Wandel des Protestverhaltens

Im allgemeinen blieben die Protestaktionen auf einen kleinen Raum beschränkt, auch dort, wo ein Protest den anderen auslöste. Beispielsweise kam es weder 1793 noch 1844 zu einem Zusammengehen der protestierenden schlesischen Weber mit dem gleichzeitig revoltierenden Breslauer Pöbel. Selbst der Aachener Protest von 1830, der unter dem Einfluß der Revolutionsereignisse im benachbarten Belgien erfolgte, blieb lokal beschränkt. Nicht anders war es beim Protest 1847/48.

Der Anlaß zum Protest war immer ein konkret lokaler. Es fehlte eine allgemeine Ideologie, die den Mangel an sozialer Integration der verschiedenen Protestgruppen hätte ausgleichen und diese aus ihrer lokalen Vereinzelung hätte herausführen können. So fanden sich bei den Hungerprotesten zwar unterschiedliche soziale Gruppen zusammen, an einer überlokalen Verbindung aber waren diese nicht interessiert. Noch stärker war die ›Inselhaftigkeit‹ bei den gruppenspezifischen Protesten. Der Schritt von der »vertikalen zur horizontalen Solidarität« (E. P. Thompson), d. h. eine Solidarisierung über die eigene Berufs- und Standesgruppe hinaus, gelang erst – wie E. P. Thompson zu Recht feststellt – nach der Entwicklung einer »›reifen‹ industriellen Arbeiterklasse«,[65] in Deutschland also er in den 1860 und 1870 Jahren.

Im ausgehenden 18. Jahrhundert waren es vor allem die Gesellen, die ein Zusammengehen mit dem Pöbel ablehnten, wenn es bei Protesten um die Ehre oder Autonomie der Gesellenschaft ging. Davon zeugen die Gesellenproteste 1791 in Bremen und Hamburg, 1793 in Breslau und 1801 in Osnabrück.[66] Gelang es den Gesellen bei ihren Ehr- und Autonomieprotesten nicht, den »Pöbel« am Mitmachen zu hindern, so kam es zu deutlichen Distanzgesten, ja sogar zu einem Zusammengehen mit der Obrigkeit, gegen die man kurz zuvor noch protestiert hatte, und zu entsprechenden Loyalitätsbeweisen. Bei den Hungerprotesten sind dagegen nur vereinzelt Distanzierungsversuche der Gesellen festzustellen. Nach Auflösung der meisten Gesellenschaften und dem damit verbundenen Verlust der korporativen Organisation entfielen dann auch für die Gesellen weitgehend die »Ehrvorbehalte« und damit die Abgrenzungen zum »Pöbel«. Seit den 1840er Jahren, so stellt W. Kaschuba fest, läßt sich beim Handwerk die »Desintegration aus der zunftbürgerlichen Lebenswelt« und damit der

»Integrationsschritt ins Unterschichtenmilieu« in vielfältiger Weise beobachten.[67] Dieser Prozeß läuft parallel mit der Integration der Arbeiterklasse, gebildet aus all den unterschiedlichen Gruppen, die sich bei den Fabrikenprotesten im Vormärz und in der Revolution 1848/49 noch voneinander getrennt gehalten, ja sich – wie die Heimgewerbetreibenden und die Fabrikarbeiter – gegenseitig bekämpft hatten.

Im ländlichen Bereich dagegen vollzog sich im weiteren Verlauf des 19. Jahrhunderts eine starke Desintegration. Bäuerliche und unterbäuerliche Gruppen, die in den 1790er Protesten zusammengegangen waren, sich in der Revolution 1848/49 freilich nur noch unter dem Druck der Bauern vereinigt hatten, fielen in der Folgezeit in zwei Klassen auseinander: Das Besitzbauerntum wollte mit den landlosen Unterschichten nichts mehr gemein haben.[68]

Nach der Revolution von 1848/49 verlor der Unterschichtenprotest seine Bedeutung als politisches Kampfmittel. Handwerker und Arbeiter verzichteten in der Folgezeit weitgehend auf den »affekthaften Protestgestus« und wandten neue Widerstandstechniken an, wie die Streiks der 1850er vor allem der 1860er und 1870er Jahre beweisen.[69] Angestrebt wurden nicht mehr kollektive Aktionen einer großen Gruppe in der Absicht, das eigene Recht gegen geltendes (bürgerliches) Recht durchzusetzen und gegebenenfalls »Übeltäter« zu bestrafen, sondern die gruppenspezifische Arbeitsverweigerung, auf Organisationen gestützt wie das die Gesellen im 18. Jahrhundert bereits praktiziert hatten. Ungeklärt ist, inwieweit durch die neuen Techniken der Auseinandersetzung zwischen Arbeit und Kapital die eigene Moral und Rechtsanschauung der Unterschichten aufgegeben werden mußte zugunsten einer »Rationalität«, die primär durch die bürgerliche Vorstellung von einer kalkulierbaren und gewaltarmen Auseinandersetzung geprägt war und die den tradierten Protest und seine Moral sehr bald als »abweichendes« und »kriminelles« Verhalten diffamierte.[70] Industrialisierung und wirtschaftliche Expansion erforderten jedenfalls neue Widerstandstechniken, die nun in den Fabriken entwickelt wurden: Arbeitseinstellungen zur Erzwingung besserer Arbeitsbedingungen oder eines höheren Lohns. Auf die herkömmlichen Bestrafungsaktionen wurde weitgehend verzichtet.

Die März-Aktionen 1848 knüpfen jedoch noch weitgehend an die Protestaktionen des Vormärz an. Sie setzen die alte Form der Wirtshaus- und Straßenversammlung fort, auf der im Ancien régime und im

Vormärz Protestaktionen vorbereitet wurden; auch jetzt noch folgten diesen Versammlungen vielfach Gewaltaktionen. Soweit diese Arbeiterversammlungen in die organisierte Arbeiterbewegung überleiteten, sind sie mit ihren einfachen Organisations- und Kommunikationsformen das eigentliche Erbe des Unterschichtenprotests in der Arbeiterbewegung, in die freilich über die Arbeiterbildungsvereine auch bürgerliche Einflüsse eindringen.

Mit der Industrialisierung änderte sich die Einstellung des Arbeiters zum Lohn. Er sah ihn nicht mehr nur in starrer Fixierung auf den Brotpreis und damit auf seine Subsistenzbasis, sondern erkannte seine Arbeitskraft in ihrer Bedeutung für die Auseinandersetzung mit dem Kapital, in ihrer Bedeutung für die Schaffung des Mehrwerts. Der Allgemeine Deutsche Arbeiter-Verein prägte dafür in den 1860er Jahren die Formel vom Kampf um den »vollen Arbeitsertrag«. In der sozialen Logik der Arbeiterklasse blieb dennoch ein Gutteil der Moral der Unterschichten des Ancien régime und des Vormärz erhalten, einer Moral, die von der gerechten Aufteilung der gesellschaftlichen Ressourcen ausging und sich gegen den »Reichtum« des einzelnen auf Kosten der Allgemeinheit wandte. Dieser hier skizzierte Lernprozeß wirkte sich allerdings erst in den 1860er und 1870er Jahren aus. Die Revolutionsphase und die 1850er Jahre sind eine Phase des Übergangs, in der die alten Formen des Unterschichtsprotestes noch praktiziert werden, sich aber allmählich wandeln, wie sich in diesen Jahren ja auch die soziale Zusammensetzung der Unterschichten entscheidend verändert.

4. Kapitel: Unterschichtenprotest – politische Theorie und politische Bewegung

Die Rolle der Französischen Revolution

Es liegt nahe, die Unterschichtenproteste mit radikalen Theorien und politischen Anschauungen der jeweiligen Zeit in Verbindung zu bringen: die der 1790er Jahre mit den Aktionen und Forderungen der französischen Sansculotten, die im Vormärz mit dem Kommunismus, die von 1848 mit den Ideen der demokratischen Bewegung. Für die bürgerlichen Beobachter Ende des 18. Jahrhunderts und die Beamten des ausgehenden Ancien régime bestand zumindest eine Parallele zwischen den Unterschichtenprotesten und den Aktionen der französischen Sansculotten. Sie übertrugen diese Bezeichnung deshalb auch vorbehaltlos auf die deutschen Unterschichten, ohne nach Unterschieden zu fragen.[1]

Nicht nur der schlesische Provinzialminister von Hoym, auch der preußische König Friedrich Wilhelm II. argwöhnte überall französische Aufwiegler und Emissäre. Er wurde darin von dem Breslauer Polizeidirektor Werner bestärkt, gegen den sich der Breslauer Aufstand von 1793 in erster Linie gerichtet hatte und der danach behauptete, »daß schon lange Zeit Jakobiner in Breslau und im Lande existirt, die bemühet gewesen, in Schlesien einen Aufstand und eine Revolution zu bewirken«. Sie sollte seiner Meinung nach von dem Pöbelaufstand 1793 ausgelöst werden.[2] Aber selbst ein nüchterner Beamter wie der Rostocker Amtmann Eggers war 1800 der Ansicht, daß sich »eifersüchtige Demagogen« des »großen Haufens« zu bemächtigen strebten, und kam zu dem Fazit: »dann entstehen die Trauerspiele, die uns Frankreichs … Insurrectionen am Schlusse des vorigen Jahrhunderts aufstellten«.[3]

Die Protestierenden aus den Unterschichten sind nur sehr bedingt mit den Sansculotten zu vergleichen. Dennoch stellt sich im Zusammenhang mit den Protesten der 1790er Jahre die Frage: Gab es einen Einfluß der Ideen der Französischen Revolution auf die Aktionen deutscher Unterschichten? Polizei und Beamte, die »demokratische Vorfälle« und Aufwiegelungen der Untertanen sogleich melden sollten, sahen in vielen Vorgängen einen solchen Einfluß der Revolution und ihrer Ideen.[4] Dabei spielte die Überzeugung eine Rolle, daß französische Emissäre oder deutsche Jakobiner durch ihre Schriften das Volk aufhetzten. So wollte der Schweidnitzer Steuerrat Heinrich nach dem schlesischen Weberaufstand von 1793 »aus sicherer Hand« erfahren haben: »daß im Reichenbachschen Kreise, besonders in den Dörfern nach dem Gebirge zu, wo die Baumwoll- und Raschweber wohnen, Leute nächtlich zusammenkommen, sich in ihren Stuben verschließen und die Broschüre betitelt ›Proserpina‹, so bei 100 Dukaten Strafe verboten, auch andere aufrührerische Gesänge mit vieler Begierde sich kommunizieren und lesen lassen«, wie er am 7. April 1793 dem schlesischen Minister von Hoym mitteilte.[5] Es ist freilich wenig wahrscheinlich, daß die Weber den literarisch anspruchsvollen Stil der 1793 von dem deutschen Jakobiner v. Trenck herausgegebenen Monatsschrift »Proserpina« verstanden haben und darüber »kommunizieren« konnten.[6] Eher informierte man sich aus Zeitungen, so 1790 in Sachsen, wo Bauern sie sich im Wirtshaus von Lehrern vorlesen ließen. Manches erfuhr man auch durch Berichte von Soldaten, die am Koalitionskrieg gegen Frankreich teilgenommen hatten.[7]

Indessen, konnte man sich aufgrund solcher Nachrichten ein Bild von der politischen Situation in Frankreich machen? Der sächsische Offizier von Liebenroth sah das in seinen Fragmenten über den sächsischen Aufstand von 1790 so: »Die That, daß das Volk in Frankreich einen übernatürlich geizigen Kornjuden an einen Laternenpfahl aufgehangen, weil er in der größten Noth seine vollgefüllten Kornböden verschlossen hatte, und der um Brod flehenden halbverhungerten Menschen noch spotten konnte, mochte gewiß ihren völligen Beifall haben, und es mochten ihnen vielleicht bei dieser Gelegenheit einige ebenso harte und unmenschlich gesinnte Pächter oder Gutsbesitzer einfallen, welche eine ähnliche Behandlung ihren Gedanken nach verdient hätten«.[8] Ein auf andere Weise falsches Bild von den Verhältnissen in Frankreich stellte der badische Beamte Philipp Jakob Zuflucht 1796 bei seinen Bauern fest. Es ist freilich erkennbar eine Schilderung aus der Sicht der Obrigkeit, wenn er schreibt: »Übrigens ist es auch wahr, daß viele im Land sich den Begriff von Frankreich so machen, daß nämlich die Herren dort abgeschafft wären, man könne nun so ganz ungehindert leben – man zahle nichts mehr – gibt keinen Zehnden mehr – kann treiben, was man will – man brauche keine Amtsleute, Schafner, Schulzen und dergleichen mehr – und wenn die Franzosen einmal kommen, so werden sie sagen: Jetzt liebe Nachbarn wollen wir euch frei machen, ihr zahlt nun keinem Menschen nichts mehr, die Beamten und Vorgesetzten sind weggeschafft – die Schulden bezahlt usw.«[9]

Wie wenig die Protestaktionen der 1790er Jahre tatsächlich von Frankreich beeinflußt waren, zeigen besonders klar die Unruhen in Schlesien. Die vom König eingesetzte Kommission, die in der Vernehmung alle Herbergsväter und Altgesellen fragte, »ob sie etwa jemand zu nennen wüßten, welcher sich als Anführer der Tumultanten oder als Aufhetzer ausgezeichnet und ob ein Geschrei von Freiheit und Gleichheit bei dem Tumult vorgekommen, auch wer solches irgend auf die Bahn gebracht?«, mußte am Schluß feststellen, daß sie »nichts davon [habe] entdecken können«.[10]

Sowohl bei den schlesischen als auch bei den anderen Unterschichtenprotesten der 1790er Jahre läßt sich nur sehr bedingt ein Einfluß der Ideen der Französischen Revolution feststellen. Dennoch kann man die zahlreichen Äußerungen in Verhörprotokollen, Aufruhrzetteln und Protestaufrufen der Unterschichten nicht einfach ignorieren, wo Vorgänge der Revolution als Vorbild für die eigenen Aktionen genannt werden. So verweigerten die Bewohner von Niederlangenau im schlesischen Kreis Löwenberg 1792 die Zahlung des Grundzinses und drohten, wenn man mit militärischer Exekution gegen sie vorginge, »alsdann würde es ihnen [den Grundherren] so gehen wie in Frankreich«.[11] Ein Häusler und ehemaliger Soldat im schlesischen Kreis Freistadt erklärte im Mai 1793 zur Nachricht von den Weberaufständen: »Es kann nicht anders kommen als in Frankreich, und auch bei uns wird es ebenso noch werden«. Ein anderer Häusler im Kreis Goldberg meinte: »... er wolle gleich, daß die Franzosen hereinkämen, er würde nicht der letzte sein, der mitginge, und er wollte ein Stengel nehmen und eine Sense daran binden«. Eine ähnliche Äußerung registrierten die Beamten im Kreis Reichenbach: »es wäre nichts besser, als daß man mit Spießen und Stangen auf sie [die Gutsherrn] losginge, sie durchbohrte und die Häuser ruinierte«.[12]

Hinter solchen Äußerungen stand sowohl der Gedanke, daß sich an der drückenden Situation der 1790er Jahre etwas ändern müsse, als auch die Vorstellung, daß die Unterschichten in der Lage seien, durch Aktionen etwas zu verändern. Insofern hat es sicher einen Einfluß der

Französischen Revolution auf das Bewußtsein der Unterschichten und ihre Protestaktionen gegeben. Was aus den eben angeführten Zitaten nicht geschlossen werden kann, das ist eine totale Übereinstimmung mit der Ideologie der französischen Revolutionäre oder der deutschen Jakobiner. Allenfalls in der Forderung nach Abschaffung oder wenigstens einer Herabsetzung der Feudallasten mag eine gewisse Übereinstimmung zwischen den Revolutionären in Frankreich und den protestierenden deutschen Bauern bestanden haben. Es kam ja nicht nur in Schlesien, sondern auch in Westfalen unter dem Einfluß der Revolution zur Verweigerung von Feudallasten.[13]

Antiroyalistische Forderungen wurden bei keinem Protest jener Jahre laut. Die Forderung der Schwelmer und Breckerfelder Weber an den preußischen Fabrikkommissar, ihnen Getreide aus den Magazinen zu geben, sonst »würden sie Paris tun«, beruhte trotz dieser Bezugnahme auf Frankreich auf den überkommenen Vorstellungen von der »guten Policey« und vom König, der für seine Untertanen zu sorgen habe.[14] Mit den Pariser Sansculotten verband sie allerdings die Forderung nach festen Preisen für Lebensmittel und die Bereitschaft, sie mit Gewalt durchzusetzen, wie das die Sansculotten (gegen den Willen der Jakobiner) am 25. Februar 1793 in Paris getan hatten. Gemeinsam war den Pariser Sansculotten und den protestierenden deutschen Unterschichten eine präkapitalistische Mentalität, nicht aber eine politische Perspektive wie die Forderung nach direkter Demokratie, die Ausübung einer Volksjustiz oder gar die Abschaffung der Monarchie.[15] Auch die Gesellen, die bei ihren Protestzügen die Obrigkeit mit Reizworten wie *Revolution* und *Konstitution* konfrontierten oder sich »die Franzosen« herbeiwünschten, taten das kaum, um, wie im revolutionären Frankreich gesehen, die Zünfte abzuschaffen, sondern eher im Gegenteil, um ihre privilegierten Korporationsrechte zu behaupten. Ihre Vorstellungen von den Verhältnissen in Frankreich waren so unklar wie das Wort, das die Hamburger Gesellen als Programmwort dafür prägten: »Konvolution«, eine Zusammensetzung aus *Konstitution* und *Revolution.*[16]

Wie sehr die Gesellen und die Unterschichten allgemein das bourgeoise Gesicht der Französischen Revolution abschreckte, zeigt ein Subsistenz-Protest im Oktober 1794 in Altona. Dort war im Winter 1792/93 kurzfristig ein »plebejischer Jakobinerzirkel« (W. Grab) – der einzige, der sich in Deutschland nachweisen läßt – mit handgeschriebenen Maueranschlägen an die Öffentlichkeit getreten, in denen unter anderem die Einschränkung der absolutistischen Macht des dänischen Königs, vor allem aber die Abschaffung des Altonaer Lottos und eine Herabsetzung der Steuer gefordert wurden. Es ist nie herausgekommen, wer zu den zweiundzwanzig »plebejischen Jakobinern« gehörte, die ihr politisches Programm zum Teil im Umgangsdeutsch der Unterschichten formuliert haben. Trotz der Sprache ist fraglich, ob sie den Unterschichten oder ob sie nicht vielmehr der Schicht der kleinen Handwerksmeister und Ladenbesitzer angehörten, die vom Staat sparsamen Umgang mit den Steuergroschen forderten.[17] Auf die in den 1790er Jahren revoltierenden Altonaer Unterschichten, darunter die Handwerksgesellen, haben weder diese unbekannt gebliebenen »plebejischen Jakobiner« noch diejenigen einen Einfluß ausgeübt, die sich in Altona als »Jakobiner« ausgaben. Im Gegenteil: diese waren für die protestierenden Unterschichten rücksichtslose »Wucherer«, die auf Kosten der Bevölkerung die Lebensmittel verteuerten, um am Export zu verdienen. Prototyp eines solchen »Jakobiners« war der Altonaer Metzger und Gastwirt Lanz, der im Oktober 1794 sechzig Fässer Fleisch, insgesamt 8000 kg, nach Frankreich exportieren ließ, nicht ohne dem Ganzen einen politischen Anstrich zu geben, indem er am Hausgiebel seiner Gastwirtschaft einen Freiheitsbaum mit roter Jakobinermütze, dazu die französische, schwedische, dänische und amerikanische Flagge anbrachte. Der Pöbel, der in sein Haus eindrang, um »zu spolieren und die Einrichtung zu zerstören«, nahm in dialektischer Umkehrung die politischen Losungen des Metzgermeisters Lanz auf und wandte sie gegen ihn, indem er rief: »Es lebe Christian VII., wir wollen von keiner Gleichheit und Freiheit wissen, aber der Schlachter Lanz muß gleichgemacht werden!«[18]

Radikaler hätte das Programm, zumindest der deutschen Jakobiner, für die es keine Sansculotten-Bewegung gab, von den Unterschichten nicht abgelehnt werden können. Für sie garantierte der König – in diesem Fall der geistesschwache Christian – die soziale Fürsorge im Sinne der »guten Policey«. Der Metzger Lanz aber stellte sich mit seinen Freiheits- und Gleichheitsparolen nicht nur politisch gegen die überkommene Ordnung, sondern auch sozial, indem er in Notzeiten nach den Gesetzen des Marktes auf Kosten der Unterschichten »Wucher« trieb. Von dieser »Gleichheit und Freiheit« des Metzgers Lanz wollten die Unterschichten nichts wissen. Ihre »Gleichheit« verstanden sie im überkommenen Sinn. Wer »Wucher« trieb, verstieß gegen den Gleichheitsgrundsatz der *moral economy* und mußte bestraft werden.

Eine Anschauung, die die deutschen Unterschichten mit den französischen Sansculotten teilten, die innerhalb der Jakobiner-Bewegung »Ansätze zu einer Sozialisierung der Konsumgüter« durchgesetzt hatten.[19]

Der vorindustrielle Gleichheitsgrundsatz der Unterschichten geriet im Altonaer Tumult von 1794 in Konflikt mit dem kapitalistischen Gleichheitsgrundsatz der Bourgeoisie, der sich ohne soziale Verpflichtung ausschließlich am Gewinn orientierte. Insofern standen die Unterschichten in Altona den Anschauungen der Pariser Sansculotten nahe, die für Wucher die Todesstrafe und für alle wichtigen Lebensmittel einen Höchstpreis forderten sowie eine »Nivellierung des Vermögens und eine Aufteilung des Eigentums« verlangten. In Paris blockierten die Jakobiner diese Forderungen der Sansculotten weitgehend, obgleich sie auf deren Unterstützung angewiesen waren.[20] Ebenso ging den fast ausschließlich zum Großbürgertum gehörenden Sympathisanten der Französischen Revolution in Altona und in Hamburg jedes Verständnis für Logik und Aktionen der Altonaer Unterschichten ab. So schrieb anläßlich dieses Vorfalls Sophie Reimarus am 24. 10. 1794 an den Freiherrn v. Knigge: »In Altona haben wir auch eine schöne Dummheits-Scene gehabt; wars aufgereizter, bezahlter Unsinn oder war's eigene Pöbeltollheit?«. Ein Parteigänger des Ancien régime wie der kaiserliche Gesandte Hoefer in Hamburg konstatierte zwar befriedigt die royalistische Gesinnung der Unterschichten, die bei diesem Protest deutlich wurde und die so ganz im Gegensatz zur »jakobinischen Gesinnung« der »dortigen vornehmen Inwohner« stehe, gab aber sogleich auch zu bedenken, daß »dergleichen aufrührerische Bewegungen und willkürliche Verfahren des Pöbels immer bedenklich und gefährlich sind«.[21] Von den reaktionären Kreisen in Hamburg wurden die Vorgänge in Altona selbstverständlich kräftig ausgeschlachtet. In zahlreichen Flugschriften stellten sie den Royalismus der Unterschichten heraus. Auf diese Kreise und wohl nicht auf die Unterschichten selbst geht ein Lied zurück, das noch im selben Jahr von einem »Laien« veröffentlicht wurde:

> Denn unser König ist uns lieb
> Den Jacobinern Tod!
> Wer anders denkt, der ist ein Dieb
> und kriegt die Schwerenoth![22]

Zwischen den bürgerlichen deutschen Jakobinern und den Unterschichten bestand ein kultureller Abstand, der ein Zusammengehen erschwerte. Entgegengesetzte ökonomische und politische Ansichten kamen dazu. Die kapitalistische Wirtschaftsform, für die sich auch die deutschen Jakobiner einsetzten, war für die Unterschichten »Wucher« und Aussaugung der Armen, gegen sie mußte man sich mit Aktionen des sozialen Protests wehren. Die Idee von »Gleichheit und Freiheit«, die an die Stelle der Monarchie die Republik setzte, beseitigte den König, der für die Unterschichten immer noch der Garant der sozialen Fürsorge und des Rechts war, auch gegenüber den Magistraten und Regierungen. »Jakobinische« Äußerungen von Angehörigen deutscher Unterschichten sind deshalb eigenartig widerspruchsvoll, wenn sie, wie Ende März 1793 in einem Aufruf aus den Weberdörfern der Grafschaft Glatz gegen den Magistrat der Stadt Neurode, die »Freiheit von Frankreich« hochleben lassen, um damit »die Herausgabe der Freiheit des Königs« zu unterstreichen. Welche Vorstellungen die Unterschichten oder das Kleinbürgertum mit den Begriffen »Freiheit von Frankreich« oder Jakobinismus verbanden, ist unklar, so wenn zum Beispiel in derselben Stadt Neurode im Herbst des Jahres 1792 der Ratgastwirt Voelkel erklärte: »ich bin ein wirklicher Jakobiner«.[23]

Es liegt die Vermutung nahe, daß jakobinische Ansichten nicht von den Unterschichten, aber von *den* Gruppen des Kleinbürgertums rezipiert wurden, die sich von der Logik der *moral economy* gelöst hatten und als Metzger, Bäcker oder Gastwirte der Logik einer kapitalistischen am Markt orientierten Ökonomie aufgeschlossen gegenüberstanden, wie der Metzger und Exporteur Lanz in Altona und vermutlich auch der Ratsgastwirt Voelkel in Neurode. Aus dieser Schicht dürften auch die 22 Mitglieder des »plebejischen Jakobinerkonventikels« gekommen sein, die sich von den »plebejischen« Schichten allerdings bereits entfernt hatten. Auch wenn sie noch deren Sprache sprachen, mit den Forderungen der Altonaer Unterschichten hatten ihre Forderungen nichts zu tun. Die Protestierenden der Unterschichten – ihre große Zahl bildet einen deutlichen Kontrast zu den 22 »plebejischen« Jakobinern – wollten den König nicht abschaffen, sondern ließen ihn hochleben und drückten damit unmißverständlich aus, daß sie anders dachten als die Jakobiner.[24]

Vermuteten die Regierungen hinter den Unterschichtenprotesten der 1790er Jahre die Ideen der Jakobiner, so glaubten die Beamten des Vormärz, daß die Proteste 1847 auf dem Gedanken der »Güterteilung« und dem »rohesten Communismus« basierten. Nicht immer verband sich damit bei den Beobachtern eine feste politische Vorstellung. So meinte der Oberamtmann Felleisen aus Buchen angesichts der Aktionen der Odenwälder Bauern im März 1848, »daß die Vorfälle eine ausgedehnte communistische Richtung zuerst gegen die Juden und dann überhaupt gegen die Besitzenden nehmen«, war aber zugleich der Ansicht, daß die Aktionen »weniger politischer Natur« seien. Mit ›Kommunismus‹ ist hier – in demselben Jahr, in dem das Kommunistische Manifest erschien – offenbar nichts anderes als die Bedrohung bürgerlichen oder adligen Besitzes durch unzufriedene Unterschichten gemeint; an eine präzisere Theorie wird nicht gedacht.[25]

In der Revolution von 1848 änderte der Unterschichtenprotest seinen Charakter. Die Frage ist, wie weit die politische Kultur der Unterschichten mit ihren Deutungs- und Aktionsmustern an Überzeugungskraft verloren hatte, wie weit bürgerliche Strategien übernommen wurden, wie das nicht zuletzt die Mitgliedschaft von Angehörigen der Unterschichten in bürgerlichen Vereinen und Parteien dokumentiert.[26] Im Gegensatz zum Verhalten der deutschen Jakobiner gegenüber dem »Pöbel« gab es 1847/48 in demokratischen Kreisen des Bürgertums durchaus Bestrebungen, den Protest der Unterschichten zugunsten bürgerlicher Ziele zu nutzen, »ihn aufzufangen und in die gewünschte Richtung zu kanalisieren«.[27] Diese Überlegungen liefen freilich darauf hinaus, am Ende auf die Unterschichten zu »feuern«, sollten sie sich bürgerlichen Ordnungsvorstellungen entgegenstellen. Daß diese Überlegungen nicht bloße Theorie waren, zeigen die Ereignisse in Berlin und Wien.

Mit den März-Erhebungen hatten sich für die Unterschichten die Kommunikationsbedingungen geändert. Die Arbeiter konnten sich nun frei versammeln und meldeten ihre Forderungen an, die sich zum Teil auf kommunale Mißstände bezogen. Im Gegensatz zu den 1790er Jahren bekundeten einzelne Unterschichtengruppen jetzt genuin gesellschaftlich-politische Interessen, die allerdings nicht in *eine* politische Richtung tendierten.[28] Schon die Fabrikenproteste des Vormärz hatten Unterschiede deutlich werden lassen und hatten gezeigt, daß auf dem Weg zur Klassengesellschaft die Unterschichten keine fest umrissene Gruppe mit gleichen Interessen waren, daß die unterschiedlichen Interessen sogar zum Kampf gegeneinander führen konnten: Fabrikarbeiter auf seiten der Ordnungspartei gegen andere revoltierende Fabrikarbeiter und Heimgewerbetreibende. Auch im politischen Bereich wurden diese Unterschiede deutlich. Während die zur ›Arbeiterelite‹ zählenden Maschinenbauer in Berlin bewußt zur demokratischen Richtung hielten und deren Aktionen unterstützte, verhielten sich die Tagelöhner und Erdarbeiter politisch ambivalent. Sie beteiligten sich zwar an den revolutionären Aktionen, unterstützten radikale Forderungen, verzichteten jedoch daneben nicht auf Protestaktionen, die sie nicht nur mit der Bürgerwehr in Konflikt brachten, sondern auch mit den demokratisch orientierten Maschinenbauern. Daß gerade diese Unterschichtengruppe General Wrangel und seine Truppen mit einem donnernden Hurra auf den König begrüßte, erklärt sich durchaus aus ihrer tradierten politischen Kultur. Für sie war noch immer der Aspekt der Existenzsicherung entscheidend und damit eine Orientierung an überkommenen politischen Leitbildern verbunden. Daß es sich deshalb um »politische wenig bewußte und leicht beeinflußbare Arbeiter« handelte, ist zumindest fraglich.[29] Für die Unterschichten allgemein gilt, daß ihre ökonomische Situation sich seit dem Vormärz kaum verändert hatte und daß sie von der Industrialisierung, die neue Bewußtseinsprozesse in Gang setzen, zum allergrößten Teil noch nicht erfaßt worden waren. Was sollte sie also veranlassen, auf ihre überkommenen politischen Aktionsmuster zu verzichten? So diffus die Zusammensetzung der Unterschichten in Deutschland 1848 war, so diffus waren auch ihre politischen Anschauungen und Aktionen.[30]

Wie verlief die Entwicklung auf dem Land, wo die bäuerliche und unterbäuerliche Schicht bis dahin im Protest zusammengegangen waren? Soweit die Demokraten 1848 in den Dörfern aktiv wurden, gewannen sie in Schlesien Einfluß auf die groß- bzw. mittelbäuerliche Schicht, in Schleswig-Holstein auch auf die unterbäuerliche Schicht. Trotz der Unterstützung durch bäuerliche und unterbäuerliche Schichten in einigen Regionen erlangten die Demokraten letztlich jedoch keinen dauernden Einfluß auf dem Land. Nachdem durch die Revolution die letzten Reste des Feudalstaates beseitigt worden waren, erlahmte das Interesse der ländlichen Bevölkerung, auch der ländlichen Unterschichten, die nicht gewillt waren, in einer Agrarrevolution die durch die Bauernbefreiung herbeigeführten Mißstände zu beseitigen. An den politischen Aktionen in der Endphase der Revolution beteiligte sich die Landbevölkerung deshalb nicht mehr.[31] Soweit sich 1848 bäuerlicher Protest äußerte, zeigen die unterschiedlichen Ziele die voranschreitende Klassenbildung auf dem Lande. Während die bäuerlichen Gruppen nicht mehr, wie in den vergangenen Aufständen, auf das »alte Recht« pochten, sondern nun die Abschaffung aller Feudallasten verlangten, waren die Forderungen der unterbäuerlichen Schichten weiterhin auf Subsistenzsicherung und auf Sicherstellung einer bescheidenen Existenz gerichtet, wie es ihrer Überzeugung nach in der guten alten Zeit gewesen war.[32] Trotz der Expansion der kapitalistischen Wirtschaft und des kapitalistischen Marktes blieb bei den städtischen wie bei den ländlichen Unterschichten die seit Generationen bestehende Skepsis gegenüber dieser Wirtschaftsform bzw. deren Ablehnung erhalten. In den städtischen Unterschichten ging diese Einstellung in den Antikapitalismus der sozialistischen Arbeiterbewegung ein und gewann dort eine Zukunftsperspektive. Die ländlichen Unterschichten dagegen gerieten mit dieser Anschauung in das Fahrwasser der Konservativen.[33] So drifteten in der politischen Bewegung des 19. Jahrhunderts diese beiden Unterschichtengruppen auseinander.

5. Kapitel: Unterschichtenprotest und Arbeiterbewegung

Lassalle und die politische Kultur der Unterschichten

Es ist auffällig, daß Lassalle und der Allgemeine Deutsche Arbeiter-Verein in *den* Gebieten ihre größten Erfolge erzielten, die jahrzehntelang von Unterschichtenprotesten bestimmt worden waren: Hamburg, Altona, die holsteinischen Landgemeinden, das bergisch-märkische Industriegebiet und die schlesischen Weberdörfer, darunter Langenbielau und Peterswaldau. In der Agitation des ADAV muß es Elemente gegeben haben, die das politische Bewußtsein und das Selbstverständnis der Unterschichten besonders stark ansprachen. Tatsächlich besaß Lassalle wohl für die Erwartungen der Unterschichten ein untrügliches Gespür. Im Mai 1864 unternahm er eine große Agitationsreise ins Rheinland und sprach dabei vor allem vor den Unterschichten der bergischen Industriedörfer. Seine bedeutendste Rede auf dieser Reise hielt er in einem dieser Industriedörfer, in Ronsdorf. Da diese sogenannte Ronsdorfer Rede die letzte vor seinem Tod (August 1864) war, gewann sie für seine Anhänger den Rang eines testamentarischen Vermächtnisses. Lassalle betont darin die Bereitschaft des Königs, »eine Regelung der Arbeiterfrage und Abhilfe der Arbeiternot« herbeiführen zu wollen; doch werde der König durch die Fortschrittspartei, die Partei der Reichen, daran gehindert. Die Zuhörer in Ronsdorf reagierten mit einem »nicht zu beschreibenden Jubel« auf diese Feststellung, und Lassalle »mußte der Versammlung einige Minuten Zeit gönnen, um ihre Aufregung zu bemeistern«. So schildert er selbst jedenfalls die Reaktion seiner Zuhörer.[1]

Mit der These vom sozialen Königtum wollte Lassalle die Unterschichten für den ADAV gewinnen. Dem diente auch die Veröffentlichung der Ronsdorfer Rede, von Lassalle im Juni 1864 unter dem Titel: »Die Agitation des ADAV und das Versprechen des Königs in Preußen« herausgebracht. Gerechtfertigt wurde dieser Titel durch ein Versprechen, das der König einer schlesischen Weberdeputation gegeben hatte. Zu dieser Deputation gehörende Weber waren von dem Fortschrittspolitiker Reichenheim entlassen worden; Bismarck nutzte die Gelegenheit, um in der Verfassungskonfliktphase die Arbeiter gegen die Fortschrittspartei auszuspielen. Das nach der Audienz mit einer Spende begründete Assoziationsunternehmen unter der Leitung des Reichenbacher Landrats Olearius erwies sich später als Fehlschlag; doch die Audienz der Weberdeputation und das »Versprechen des Königs«, die von Bismarck in der bekannten Kammerrede vom 15. Februar 1865 noch einmal wirkungsvoll herausgestrichen wurden, spielten in der Agitation des ADAV auch nach Lassalles Tod eine wichtige Rolle.[2] In Feiern zum Geburtstag des Königs, so am 22. 3. 1865 in Iserlohn, und in Zeitungsartikeln priesen die Agitatoren den König als »Freund der Arbeiter«, der baldige »Abhülfe der Noth der Arbeiter« versprochen habe. Noch im Wahlkampf für den Norddeutschen Reichstag 1867 wurde in der Agitation des ADAV die Treue zum König beschworen.[3]

Mit seinem Royalismus eng verbunden war die vom ADAV ständig erhobene Forderung nach »Staatshilfe«. Sie zielte auf die Funktion des Staates als »gute Policey«. Die Assoziationen, die mit Staatshilfe gegründet werden sollten, machten den ADAV besonders für die zahlreichen pauperisierten Heimgewerbetreibenden und Handwerker attraktiv. Sie glaubten noch immer, gegen die Konkurrenz der Maschine bestehen zu können, kamen aber trotz vieler Arbeit auf keinen grünen Zweig, während die »Geldsäcke« »bacchantische Champagner-Orgien feierten«, wie es in der ADAV-Agitation hieß. Die Agitatoren verknüpften dabei recht geschickt den sozialistischen Antikapitalismus mit dem bei den Unterschichten lebendigen Haß auf die Reichen. Die alte Vorstellung von der »ausreichenden Nahrung«, die der »Wucherer« dem einfachen Mann wegnehme, fand eine aktuelle Deutung in der antikapitalistischen Theorie des ADAV, die das »Mißverhältnis« des kapitalistischen Systems anprangerte, das den Fabrikanten »Schätze auf Schätze« anhäufen lasse, während der Arbeiter für seine »kostbare, dem Fabrikanten Reichthümer einbringende Arbeit nur einen kargen Lohn empfängt, der ihn und seine Familie erwiesenermaßen kaum über der Oberfläche der Hungerkrankheiten hält«.[4] Die Forderung, den »vollen Ertrag« der Arbeit zu bekommen, was durch die Gründung von Produktiv-Assoziationen erreicht werden sollte, entsprach der traditionellen Forderung nach Subsistenzsicherung. Der Haß auf die Reichen, die diese Ordnung in Frage stellten, wurzelte bestimmt nicht nur in dem »Neid gegen die höheren Gesellschaftsklassen«, wie der ehemalige Präsident v. Schweitzer erklärte, nachdem er 1872 aus dem ADAV ausgeschlossen worden war.[5]

Protestaktionen und politische Partei

Lassalle schätzte die traditionellen politischen Aktionen der Unterschichten richtig ein, wenn er auf die »Resultatslosigkeit« der ständig sich wiederholenden Protestaktionen hinwies. Er zog daraus die Konsequenz, daß nur der »feste Kern einer Arbeiterpartei ... einen energisch fruchtbaren Verlauf sichern« könne.[6] Der ADAV griff die politischen Vorstellungen der Unterschichten auf, entwickelte sie aber weiter und gab ihnen eine neue Legitimationsebene. Auch die Aktionsformen wurden verändert. Das schloß gelegentlich einen Rückgriff auf Protestaktionen alter Art nicht aus. Als 1865 bei der Gründungsversammlung des ADAV in Iserlohn die lokale Obrigkeit den ADAV-Funktionär Hillmann festnahm und gefangensetzte, reagierten die Arbeiter in der ihnen vertrauten Form des Protests: sie warfen den Amtspersonen und Fabrikanten die Fensterscheiben ein und versuchten, Hillmann gewaltsam aus dem Gefängnis zu befreien.[7] Als im September 1869 in der Hamburger Waggonfabrik Lauenstein wegen einer Herabsetzung der Akkordlöhne um ein Drittel gestreikt wurde und Streikbrecher aus Schweden eingesetzt wurden, veranstalteten 500–1000 Arbeiter unter Leitung des ehemaligen ADAV-Vorstandsmitgliedes Rodenberg einen Zug durch die Stadt und drangen anschließend in die Lauensteiner Fabrik ein, zerstörten, gegen den Willen des Streikkommitees, Produktionsmittel und demolierten das Haus des Vermittlers für auswärtige Arbeitskräfte sowie die Wohnung des Fabrikdirektors. Selbst noch auf die Mannheimer und Frankfurter Bierkrawalle im Frühjahr 1873 versuchten ADAV-Funktionäre Einfluß zu nehmen und zeigten durchaus Verständnis für diese »Exzesse«.[8]

Im allgemeinen waren die Funktionäre des ADAV jedoch bestrebt, die Arbeiter von dieser Art von Aktionen abzubringen, das radikale Potential aber im Sinne der »revolutionären Partei« Lassalles einzusetzen. Die Arbeiter sollten sich durch dergleichen Aktionen nicht mehr »ins Unrecht setzen«, das »Unrecht« sollte vielmehr »auf der anderen Seite« liegen, die Bourgeoisie mit ihrer »schrankenlose[n] Willkür sollte für Gesetzverletzung, Brutalität, Drohung, Einschüchterung, Überredung, Lügen, Verleumdung, Beleidigung« stehen.[9] So wurde auch der Protest in der Waggonfabrik Lauenstein 1869 von der ADAV-Agitation aufgegriffen: der Direktor hatte einen unbewaffneten Arbeiter, von dem er sich bedroht fühlte, mit seiner Pistole erschossen.

Die »Legalisierung« der Protestaktionen durch die Arbeiterbewegung bedeutete freilich nicht ein bedingungsloses Vertrauen in die bürgerliche Justiz. Ein Fall wie der des Lauensteinischen Fabrikdirektors, der strafrechtlich nicht verfolgt wurde, machte ja durchaus den Klassencharakter der Justiz deutlich. Geändert werden konnte das aber nur, wenn der Arbeiter »Soziales und Politisches« als Einheit begriff und »demgemäß handelte«, das heißt, wenn er durch Ausübung des Wahlrechts die politischen und damit die sozialen Verhältnisse änderte.[10] Der ADAV sah deshalb seine Aufgabe darin, die Unterschichten dahin zu bringen, daß »das instinktive Fühlen und das sich darauf gründende Handeln ... dem Bewußtsein wohlüberlegter That« »Platz machen« sollte. Daß das Volk »hungern« muß, »solange der Kornwucherer und Kapitalist sein Sündengeld einstreichen kann« – so erläuterte der ADAV – sei nicht eine momentane Erscheinung, die dadurch korrigiert werde, daß »das Volk ... den Entschluß faßt, zuzulangen und sich zu sättigen«, sondern nur dadurch zu ändern sei, daß es sich den »socialen Staat« schaffe und so »das Menschenrecht« wiederherstelle.[11] Das »zurückgegebene unversährbare Menschenrecht« gegenüber dem »Recht der Verzweiflung«, wie es sich 1844 im schlesischen Weberaufstand dokumentiert hatte, die »wohlüberlegte That« gegenüber dem »instinktiven Fühlen und dem sich daraus gründenden Handeln«, das waren die neue Legitimations- und die neue Aktionsebene, auf die der ADAV die »resultatlosen« Aktionen des Unterschichtenprotests, »das unnütze Putschen«, überleiten wollte. An die Stelle der »Revolte«, die das Volk macht, »wenn es noch nicht ... aufgeklärt ist«, sollte die »sich langsam vollziehende Revolution« treten, die Revolution im Sinne Lassalles freilich, was nichts anderes bedeutete, als die Eroberung der Staatsmacht durch das allgemeine Wahlrecht.[12]

So bekannt den Unterschichten die politischen Elemente der ADAV-Agitation vorkommen mußten, im Grundsätzlichen hatte

Lassalle einen klaren Trennungsstrich zum traditionellen Rechts- und Politikverständnis der Unterschichten gezogen, indem er für den politischen Kampf und die soziale Auseinandersetzung nicht das der *moral economy* verpflichtete Rechtsempfinden und die daraus resultierenden Aktionen akzeptierte, auch wenn er die Hoffnung auf ein soziales Königtum taktisch geschickt in seine Agitation einbaute. Im Hinblick auf die traditionellen Protestaktionen wollte er »die Putsche, Überraschungen ohne Dauer und ohne Halt«, die »wilde[n] Appetite«, getragen von einer »Masse, [die] ebenso schnell zerronnen wie gewonnen«, die »Gährung des Hasses« und die »wilde sansculottische Wuth« in eine »in sich feste Partei« überleiten.[13] Jede direkte soziale Massenerhebung, die nicht die in den Unterschichten als rechtens empfundenen Normen aufgab, war nach Lassalles Geschichtsverständnis rückständig und nur scheinrevolutionär. Seine Beurteilung des Bauernkriegs als »durch und durch reaktionär«, weil er eine »alte, überlebte Idee« verteidigt hatte, beweist seine Skepsis gegenüber den Unterschichten, wenn sie um ihr altes Recht kämpften. Schon 1844 hatte er den Breslauer Unterschichtenaufstand, der durch die schlesische Weberrevolte ausgelöst worden war, in einem Brief an seinen Vater als »Mutwillen fenstereinwerfender Gassenbuben« abgetan, während er die Weberrevolte selbst als »Gewittern am Horizont«, als »blutigen Ernst« begriff. Die Unterschichten mußten von ihrem neu begründeten Recht überzeugt werden, sonst blieb die alte »Verschwommenheit, Unklarheit und Reaktion«.[14]

Die Distanz der Arbeiterbewegung zum Lumpenproletariat

Der ADAV ist dieser Auffassung Lassalles gefolgt, hat sich aber trotz der negativen Beurteilung der »Revolten« und des immer wieder kritisierten »Unverstands der Massen« nie so elitär gegen *die* Gruppen der Unterschichten abgeschlossen, die Marx und Engels im Kommunistischen Manifest als Lumpenproletariat diffamiert haben. Schon im Vormärz, vor allem aber in der Revolution 1848, zog die frühe Arbeiterbewegung einen deutlichen Trennungsstrich zwischen Proletariat und Lumpenproletariat. Damit grenzte sie sich gegen die ab, die sich nicht als standesbewußte Arbeiter etabliert hatten, die nicht ordentlich gekleidet waren, sondern hin und wieder sogar straffällig wurden, was im Pauperismus wohl für das Gros der Unterschichten galt, weil es nur durch »Rechtsverletzung« sein Überleben sichern konnte. Wie Lassalle den Breslauer Unterschichtenprotest von 1844 als »Mutwillen fenstereinwerfender Gassenbuben« charakterisierte, kritisierte Jakob Audorf sen. rückblickend die Hamburger Hungerproteste von 1847 als Aktionen der »Herren Jungs«. Die frühe Arbeiterbewegung, die in den Arbeiterbildungsvereinen unter dem Einfluß ihrer bürgerlichen Initiatoren stand, übernahm mit der These vom Lumpenproletariat die Vorurteile des Bürgertums gegenüber dem Pöbel. Stephan Born, eine der führenden Persönlichkeiten der Arbeiterbewegung während der Revolutionsjahre, unterschied 1848 in seinem »Organ des Centralkomités für Arbeiter« zwischen dem Pöbel als »minderwertiger Masse« und der »arbeitenden Klasse«.[15] Diesem Verständnis von Reputierlichkeit entsprach völlig das Verdikt gegen das »Lumpenproletariat«, der »passiven Verfaulung der untersten Schichten der alten Gesellschaft« von Marx und Engels im Kommunistischen Manifest.

Engels wiederholte dieses Verdikt 1870 und warf gleichzeitig dem ADAV vor, daß er »diese Lumpen als Garde« verwende und sich auf sie stütze.[16] Auch von der SDAP kamen 1869 Vorwürfe, daß sich Veranstaltungen des ADAV sehr wesentlich von anderen Arbeiterveranstaltungen unterscheiden würden, »daß sehr viele zerlumpte und betrunkene Kerle da waren, die nicht wie Arbeiter aussahen, sondern wie gedungene Todtschläger, verbummelte Müßiggänger, die sich für einen Schnaps zu allen Schandtaten gebrauchen lassen«.[17] Trotz der Abwertung des ADAV als Partei des Lumpenproletariats durch Engels und die SDAP ist freilich nicht zu übersehen, daß sich *alle* Richtungen der Arbeiterbewegung von den Unterschichten, deren Moral, deren Aktionen und deren politischen Einstellungen getrennt hatten und diese als reaktionär verketzerten.[18] Die Kampfmittel der Arbeiterbewegung waren der planmäßige Kampf und der Streik; ihr Rechtsbewußtsein basierte auf der Erkenntnis, daß der Arbeiter alle Werte schuf, deren Genuß deshalb allen Arbeitenden zustehe. Dieses Recht konnte im Verständnis der Arbeiterbewegung nicht durch Einzelaktionen, sondern nur durch den Klassenkampf und eine neue Gesellschaft errungen werden. Als der Fabrikdirektor, der 1869 bei dem ›Lauenstein-Streik‹ einen Arbeiter erschossen hatte, eine Dankadresse der Aktionäre erhielt, fragte die Partei-Zeitung des ADAV, der »Social-Demokrat«: »Hat sich das Klassenbewußtsein der Bourgeoisie je nackter gezeigt als hier, wo die Actionäre, die mit der ganzen Fabrikproduktion nichts weiter zu tun haben, als den Kapitalgewinn einzuziehen, ihrem hartherzigen Diener [gemeint ist der Fabrikdirektor] zujubeln, daß er im ›Interesse der Fabrik‹ d. h. des Geldsacks der Actionäre, von den Arbeitern verlangt hat, sie sollten trocken Brod essen? Wahrlich solche Vorkommnisse müssen den erbitterten Kampf der Arbeiterklasse gegen die Kapitalistenklasse hervorrufen, sie müssen die heutigen Productionszustände als unhaltbar erkennen lassen!«[19] Damit hatte die Arbeiterbewegung das Rechtsgefühl der Unterschichten auf eine neue Ebene gehoben, auf der das Rechtsgefühl der *moral economy* sozusagen außer Kraft gesetzt war. Soweit die Unterschichten sich der Arbeiterbewegung anschlossen, verinnerlichten sie dieses neue Rechtsgefühl und beugten sich damit auch den bürgerlichen Moralvorstellungen.[20] Vereinzelt lebten aber auch in der Arbeiterbewegung noch die Rechtsvorstellungen der *moral economy* fort. Wie 1794 die Altonaer Schustergesellen ihre des »Raubs« überführten Mitgesellen verteidigten, so unterstützten hundert Jahre später, 1893, die Mitglieder der Hamburger Hafenarbeitergewerkschaft einen Kollegen, der wegen Warendiebstahls im Hafen zu achtzehn Monaten Gefängnis verurteilt worden war, und wählten ihn sogar zum Kassenführer in der Ortsleitung der Hamburger Gewerkschaft.[21] Generell wurde der Unterschichtenprotest jedoch von der Arbeiterbewegung im politischen und ökonomischen Kampf kanalisiert. Außerhalb der Arbeiterbewegung hielten sich geringe Reste, die sich als Alternative zu den Aktionen der Arbeiterbewgung aber nicht behaupten konnten.[22]

Anmerkungen

Die Literaturangaben in den Anmerkungen beschränken sich auf Kurztitel. Die vollständigen bibliographischen Angaben stehen im Quellen- und Literaturverzeichnis.

Einleitung

1 Zur Forschungsdiskussion und -kontroverse der letzten 15 Jahre siehe Volkmann/Bergmann, Sozialer Protest, S. 11–18; Zur Kontroverse auch die Beiträge in Geschichte und Gesellschaft 3 (1977), S. 151 ff.; Fenske, Protest, S. 143 ff.; Giesselmann, Protest, S. 50 ff.

2 Kocka, Lohnarbeit, S. 38; Schaer, Unterschichten, S. 47 ff.

3 Siehe dazu eingehend Dowe, Methodologische Überlegungen, S. 204 f.

4 Kraus, Unterschichten, S. 51 ff.; für andere Städte: Krüger, Manufakturen, S. 292 ff.; François, Koblenz, S. 162 ff.

5 Kraus, Unterschichten, S. 58; Abel, Massenarmut, S. 308 ff.; Statistisches Reichsamt (Hg.), Getreidepreise, S. 275 ff.; Saalfeld, Bedeutung, S. 83; François, Koblenz, S. 180; Stadelmann/Fischer, Bildungswelt, S. 114 f.; Achilles, Auswirkungen, S. 122 ff.

6 ZSM., Rep. 96 A. Tit. 128 E, Bl. 16.

7 Henning, Dienste, S. 171 ff.; Lawätz, Gedanken, S. 70 ff.; Schaer, Unterschichten, S. 55 ff.

8 Harnisch, Agrarreform, S. 110 f., dort auch das Zitat.

9 Ebd., S. 121.

10 Büsch, Armenwesen, S. 11 ff.; Fischer, Wirtschaft, S. 244 ff.

11 Zitiert nach Conze, Proletariat, S. 33.

12 Zitiert ebd., S. 42. Zur Deutung des Pauperismus: Jantke/Hilger, Die Eigentumslosen, S. 7 ff.

13 Berechnungen nach W. Köllmann in: W. Kohl (Hg.), Westfälische Geschichte, 3. Bd., Düsseldorf 1984, S. 150. Zur allgemeinen Verteilung städtischer und ländlicher Bevölkerung in Deutschland zwischen 1815 und 1871 siehe die Tabelle in: Tilly, Kapital, S. 170 ff.

14 Kriedte/Medick/Schlumbohm, Industrialisierung, S. 164.

15 Krüger, Manufakturen, S. 300 ff.; G. Oestreich, Strukturprobleme des europäischen Absolutismus. In: Vjh. f. Sozial- u. Wirtschaftsgesch. 53 (1968), S. 329–347.

16 Zitiert nach Krüger, Manufakturen, S. 304 f.

17 Zitiert nach Conze, Proletariat, S. 40.

18 Zitiert nach Abel, Massenarmut, S. 304 f.

19 Dipper, Bauernbefreiung, S. 46 ff.; Harnisch, Agrarreform, S. 27 ff.; Schildt, Tagelöhner, S. 121 ff.; Mooser, Klassengesellschaft, S. 93 ff.

20 Vogel, Gewerbefreiheit, S. 135 ff.

21 Für die soziale Fürsorge waren die Gemeinden zuständig. Für die Unterschichten führte das vielfach zu einem zeitlich begrenzten Wohnrecht bzw. zur Abschiebung nach Ablauf der Zeit, vgl. Lawätz, Gedanken, S. 88; Geiling, Ökonomie, S. 44.

22 Lawätz, Gedanken, S. 77 f. Zur Situation im Königreich Hannover: Gans, Verarmung, S. 41.

23 Zitiert nach Harnisch, Agrarreform, S. 293.

24 Zitiert nach Jantke/Hilger, Die Eigentumslosen, S. 101 f. Zur Situation in Westfalen: Mooser, Klassengesellschaft, S. 122 ff.; G. Lachenicht, Die »gemeine Mark« und ihre Teilung in Lette bei Coesfeld. Ein Beitrag zur sozialen Problematik der Markgenossenschaft und Markenteilung im Münsterland, Coesfeld-Lette o. J. [1983], S. 180. Zu einer anderen Einschätzung der Situation im Herzogtum Braunschweig kommt Schildt, Tagelöhner, S. 127 ff.

25 Lawätz, Gedanken, S. 80; Jantke/Hilger, Die Eigentumslosen, S. 106.

26 Koselleck, Preußen, S. 622 f.

27 Herzig, Kinderarbeit, S. 340.

28 Abel, Massenarmut, S. 200 ff.; Post, Crisis, S. 165 ff.

29 Bericht Hoefers v. 12. 2. 1795. H. u. Sta. Wien, Reichskanzlei, Berichte aus Hamburg, Fasc 22^{b}; Abel, Massenarmut, S. 226 ff.

30 Medick, Teuerung, S. 138 ff.; Wischermann, Hungerkrisen, S. 133.

31 Husung, Protest, S. 51.

32 Husung, Tendenzen, S. 10 ff.; Tilly, Kapital, S. 145 ff.

33 Thompson, Kultur, S. 80; Geiling, Ökonomie, S. 46.

34 [Anonym,] Über die unruhigen Bewegungen, S. 6; siehe auch die Stellungnahme des General-Direktoriums Berlin, 26. 2. 1788: Rechtfertigungsversuch des freigegebenen Getreidehandels. Acta Borussica, 4. Bd., S. 439 f.

35 Eggers, Aufbewahrung, S. 17 f.

36 Zu Nördlingen: National-Zeitung der Teutschen 1796, S. 262–270, 426–432; zu Mainz: Privilegirte Mainzer Zeitung, 6. 9. 1790; zu Köln: Hansen, Quellen, 1. Bd., S. 424 ff.; zu Elberfeld: Boch/Krause, Lesebuch, S. 28 f.

37 Grießinger, Kapital, S. 48 ff.

38 Hauptmeyer, Bauernunruhen, S. 149 ff.; ders., Widerstand, S. 217 ff.

39 Volkmann in: Volkmann/Bergmann, Sozialer Protest, S. 68.

40 Husung, Volksprotest, S. 79 ff.; Saurer, Kultur, S. 170 ff.; Fenske, Protest, S. 178 ff.

41 A. Bartelmeß in: Bäckerinnung Nürnberg (Hg.), Chronik des Nürnberger Bäckerhandwerks von 1302–1982, Nürnberg 1982, S. 70.

42 Langewiesche, Tagebuch, S. 300 f.

43 Auf den Konflikt zwischen bürgerlichem Recht und rechtlichen Traditionen der Unterschichten weist vor allem Blasius, Kriminalität, S. 69 ff., hin. Zur Durchsetzung »der Legitimität der herrschenden Kultur« und zur »Anerkennung der Illegitimität« und der »kulturellen Willkür« durch die Unterschichten siehe Bourdieu/Passaron, Grundlagen, S. 55 ff.

44 Kant, Anthropologie, S. 204 f.

45 Conze, Proletariat, S. 34.

46 So sieht Schiller im Bildersturm der Niederländer eine »Schandtat [...], die nur in dem schlammigsten Schoß einer verworfenen Pöbelseele empfangen werden konnte«. Die Trägerschicht: »Eine rohe zahlreiche Menge, zusammengeflossen aus dem untersten Pöbel, viehisch durch viehische Behandlung, von Mordbefehlen, die in jeder Stadt auf sie lauern, von Grenze zu Grenze herumgescheucht und bis zur Verzweiflung gehetzt, genötigt, ihre Andacht zu stehlen«. Das Motiv: »Der lachende Wohlstand der feindlichen Religion kränkt ihre Armut, die Pracht jener Tempel spricht ihrem landflüchtigen Glauben Hohn [...]. Fanatismus gibt dem Greuel seine Entstehung«. F. Schiller, Geschichte des Abfalls der Vereinigten Niederlande von der spanischen Regierung [1788], in: Sämtliche Werke, hg. von G. Fricke/H. G. Göpfert, 4. Bd.: Historische Schriften, München 1958, S. 215.

47 Thompson, Making, S. 9, hier in Übersetzung von M. Vester, Entstehung, S. 32f.

48 Medick, Kultur, S. 172.

49 Marx/Engels, Werke, Bd. 4, S. 181.

50 Fischer, Wirtschaft, S. 242ff.; Kocka, Lohnarbeit, S. 38.

51 Mooser, Holzdiebstahl, S. 58.

52 Liebenroth, Fragmente, S. 206f.

53 Braun, Schweiz, S. 256.

54 H. G. Husung, Eisenbahnarbeiter im Vormärz: Arbeitsformen und Konfliktmuster, in: Langewiesche/Schönhoven, Arbeiter, S. 209–220.

55 Habermas, Strukturwandel, S. 8; Lottes, Aufklärung, S. 109ff.; Schindler, Spuren, S. 51f.

56 Dazu eingehend Volkmann, Kategorien, S. 176f.

57 Zitiert nach Jantke/Hilger, Die Eigentumslosen, S. 108.

58 Zimmermann, »Noth« und »Theuerung«. S. 109ff.; Rudé, Volksmassen, S. 21ff.; Braun, Schweiz, S. 256ff.; Abel, Massenarmut, S. 200ff. Zu den einzelnen Stadien des Hungers und den daraus resultierenden Aktionen: Dowe, Methodologische Überlegungen, S. 205ff. 1770/71 begegnet in Deutschland und Österreich vielfach die Erscheinung des 2. Stadiums, daß nämlich die Hungernden apathisch reagierten. Weinzierl-Fischer, Bekämpfung, S. 484ff.; Blaich, Tätigkeit, S. 299ff.

59 Für Hamburg z. B. Audorf, Erlebnisse, Nr. 232; Zunker, Franzosenzeit, S. 37ff.

60 Abel, Massenarmut, S. 314ff.; Post, Crisis, passim; Husung, Protest, S. 259ff.; R. Tilly, Kapital, S. 154, 176. Zu Ausschreitungen kam es 1816/17 in Iserlohn, hier »plünderten« Arbeiter ein Kornmagazin, siehe Herzig, Märkisch-westfälisches Industriegebiet, S. 265. In Mainz kam es zu einem Marktprotest, siehe Abel, Massenarmut, S. 416.

61 R. Tilly, Kapital, S. 176.

62 Dazu: Husung, Tendenzen, S. 10f.; R. Tilly, Kapital, S. 145f.

63 Das verdeutlicht recht anschaulich ein Brief der Annette von Droste-Hülshoff vom 22. 8. 1839 aus Westfalen, in dem sie über das alltägliche »Wilddieben, Holzstehlen und Konterbandieren« auf dem Land berichtet (Die

Briefe der Annette von Droste-Hülshoff. Gesamtausgabe. Hrsg. von K. Schulte Kemminghausen, 1. Bd., Jena 1938, S. 96 ff.)

64 C. Tilly, Hauptformen, S. 162; R. Tilly, Kapital, S. 145 ff.; Husung, Tendenzen, S. 7 ff.

65 R. Tilly, Kapital, S. 162; Gailus, Protestbewegungen, S. 78.

66 ZSM., Rep. 96A. Tit. 128 D, Bl. 6.

67 R. Tilly, Kapital, S. 147.

68 Leider ist für eines der wichtigsten Protestgebiete Deutschlands, Schlesien, 1944/45 ein sehr wichtiger Quellenbestand, nämlich der Bestand: Rep. 199, M. R. XIV, der sich im ehemaligen Staatsarchiv Breslau befand, verlorengegangen. Für die Aufstände der schlesischen Landbevölkerung seit den 1790er Jahren bleibt deshalb das Buch von J. Ziekursch, Hundert Jahre schlesischer Agrargeschichte, mit seinen ausführlichen Zitaten aus diesem Bestand die wichtigste Quelle. Einen gewissen Ersatz bieten die ehemaligen Breslauer Magistratsakten im heutigen Sta. Wrocław.

69 Czok, Volksbewegungen, S. 29; Gerteis, Stadtrevolten, S. 49 ff.

70 Scheel, Jakobiner, S. XII.

71 Grab, Volk, S. 194; J. Garber, Freiheit, S. 31 ff. Ähnlich die Einschätzung des Pöbels durch den norddeutschen Jakobiner Heinrich Würzer: Garber, Freiheit, S. 19.

72 Grab, Volk, S. 35.

73 Hier sind v. a. die Untersuchungen von H. Volkmann, R. Tilly, H. G. Husung, M. Gailus, J. Mooser, R. Wirtz und H. Fenske zu nennen.

74 Volkmann, Innovation, S. 47 ff.; ders., Protestträger, S. 57 ff.; Wirtz, Widersetzlichkeiten, S. 33 ff.; Gailus, Pöbelexzesse, S. 1 ff.

75 Zu einer anderen Einschätzung kommt Bergmann, Revolution, S. 25.

1. Kapitel: Arten des Unterschichtenprotests

1 Roscher, Kornhandel, S. 86.

2 Zu den Lohnstreiks der Gesellen, Manufakturarbeiter oder Tagelöhner in den 1790er Jahren: Spading, Erhebung, S. 560 ff.; Grießinger, Kapital, S. 347 ff.; ders., Handwerkerstreiks, S. 432; Schwarz, Lage, S. 293 ff.; Schildhauer, Auswirkungen, S. 5 ff.; Herzig, Organisationsformen, S. 96 ff.; Eggers, Konfliktverhalten, S. 102 ff.; Krüger, Manufakturen, S. 430 ff.; Göttsch, Hungerunruhen, S. 170 ff.; dies., Flensburg, S. 205 ff.; Sta. Nbg., S II L 78 Nr. 4; HSta. Hbg. Cl XI Spec. Lit. M Nr. 2 Fasc 4, Spec. Lit. S Nr. 9, Fasc 4, Spec. Lit. Z Nr. 1 Vol. 4; Kom. A. Mi. C 335. Zu den Marktprotesten der Heimgewerbetreibenden u. Bergarbeiter: Ziekursch, Agrargeschichte, S. 227 ff.; Liebenroth, Fragmente, S. 210 ff. Zur Meuterei der Lübecker Stadtsoldaten: Stda. Lüb., Bürgerschaft II 15.19; Brehmer, Soldatenunruhen, S. 98 ff.

3 So in Hamburg 1791: Herzig, Organisationsformen, S. 96; in Altena/West-

falen: ZSM., Gen. Dir. Mark, Tit. CLXXX, Nr. 5; in Solingen: Stda. Sol., Ratsprotokolle 11. Nur in vereinzelten Fällen richtete sich der Protest gegen die »Fabriquen-Herren«, etwa der Protest der Spanischen Weber 1794 in Berlin, siehe: Krüger, Manufakturen, S. 430ff.

4 Wirtz, Widersetzlichkeiten, S. 163.

5 Stda. Rothbg., B 133, Bl. 606.

6 ZSM., Gen. Dir. Tit. CLXXX Nr. 5, Bl. 1a.

7 Mattmüller, Hunger, S. 137; Braun, Schweiz, S. 256ff.

8 Zitiert nach Abel, Massenarmut, S. 416.

9 So im Oktober 1790 in Rostock der »Pöbel« (Journal von und für Deutschland 1790, S. 1127f.); im November 1794 in Greifswald die »vereinigte Bürgerschaft« (Spading, Erhebung, S. 170); im November 1795 ebenfalls in Greifswald »Bürger« (ebd.); im März 1795 in Ballum bei Tondern 40 Tagelöhner (Göttsch, Flensburg, S. 205ff.); im März/April 1795 in Ribe Tagelöhner (ebd.); im Mai 1795 in Ockholm bei Bredstedt Deicharbeiter (ebd.); im Mai 1795 in Herdecke/Ruhr Weber und Bergleute (Eversmann, Lebensbeschreibung, S. 41); im Juni 1795 in Schwelm Weber und Bleicher (Herzig, Schwelm, S. 10ff.); im Sommer 1795 eine »Menge Breckerfelder« [Heimgewerbetreibende] (ebd.); im April und Oktober 1795 in Barth/Pommern Vertreter der Handwerksämter (Spading, Volksbewegungen, S. 87ff.); im Juni 1795 in Flensburg Schiffszimmerleute, Maurerleute, Hauszimmerleute, Pöbel (LAS., Abt. 65.2, Nr. 337 II u. Göttsch, Flensburg, S. 205ff.); im Oktober 1795 in Ütersen bei Pinneberg »Arbeiter und geringe Leute« (LAS., Abt. 10, Nr. 322, Akte Nr. 12). Auch im Vormärz wurde das Mittel der Blockade angewendet, um die örtliche Versorgung zu gewährleisten. So führten im März 1843 böhmische Weber und Spitzenklöppler eine Grenzsperre durch, um einen Getreideexport nach Sachsen zu verhindern. Als Grund erklärten sie den Zollbeamten, daß die Brotpreise stiegen, sie keine Arbeit hätten und daher »den sichern Hungertod vor sich sähen« (Saurer, Kultur, S. 154; siehe auch Gailus, Protestbewegungen, S. 81f.; Husung, Protest, S. 176f.; Fenske, Protest, S. 180).

10 Blessing, Theuerungsexcesse, S. 356ff.; Machtan/Ott, Batzebier, S. 128ff.

11 Gailus, Protestbewegungen, S. 77ff.; Husung, Protest, S. 177.

12 Hafen- u. Küstennähe: Rostock (1790) / Altona (1794) / Ballum (1795) / Ribe (1795) / Ockholm (1795) / Flensburg (1795) / Ütersen (1795) / Barth (1795) / Greifswald (1795) / Rostock (1800) / Güstrow (1800) / Wolgast (1800); Exportorientiert: München (1795) / Halle (1805) / Wettin (1805) / Aschersleben (1805); Protoindustrie/Bergbau: Auma (1790) / Brand (1790) / Freiberg (1790) / Herdecke a. d. Ruhr (1795) / Schwelm (1795) / Altena (1795) / Solingen (1795); Ferner: Nürnberg (1795) / Augsburg (1795) / Rothenburg o. d. T. (1795).

13 Siehe dazu die Karte bei Gailus, Protestbewegungen, S. 78.

14 [Anonym,] Über das Aufstehen, S. 4.

15 Zu Greifswald: Spading, Erhebung, S. 562. Zu Lübeck: Stda. Lüb., Bürgerschaft II 113.12.

16 Zu dem Versuch einer Abgrenzung zwischen sozialem Protest und Lohnstreiks im Vormärz siehe Tenfelde/Volkmann, Streik, S. 18f. Zur Tradie-

rung vorindustrieller Protestformen in das Industriezeitalter am Beispiel Hamburg siehe Herzig, Kontinuität, S. 318f.

17 So der Innenminister v. Rochow in einem Schreiben vom 31. 12. 1840 an den westfälischen Oberpräsidenten v. Vincke: Sta. Ms., Opr. 680, Bl. 174f.

18 Blasius, Kriminalität, S. 55ff.

19 Hansen, Quellen, 1. Bd., Nr. 137, 148, 250. Das Zitat: Nr. 250, S. 566.

20 Herzig, Märkisch-westfälisches Industriegebiet, S. 261ff.; das Zitat bei: W. Schulte, Iserlohn, Geschichte einer Stadt, 1. Bd., Iserlohn 1937, S. 71.

21 Blasius, Kriminalität, S. 56; Mooser, Holzdiebstahl, S. 80.

22 Mooser, Holzdiebstahl, S. 74ff.

23 Blasius, Kriminalität, S. 57f.

24 Flemming, Klasse, S. 390f. Zur sozialen Zusammensetzung der Trägerschicht: Gesellschaftsspiegel, 1. Bd., S. 217; Ziekursch, Agrargeschichte, S. 319ff.; Reis, Agrarfrage, S. 8ff.; Bleiber, Anteil, S. 65ff. Zu Westfalen: Mooser, Klassengesellschaft, S. 246ff. Zum Spessart, Odenwald etc.: Wirtz, Widersetzlichkeiten, S. 171; Dipper, Bauernbefreiung, S. 156.

25 Vgl. den Bericht des kaiserl. Gesandten Hoefer vom 11. 10. 1794 von Hamburg nach Wien. H. u. Sta. Wien, Reichsarchiv Fasc. 22b. Hoefer war allerdings über die sozialen Verhältnisse in den holsteinischen Dörfern nach der Agrarreform nicht recht informiert, so daß er allgemein von »Bauern« spricht, die »ihre vermeintliche [!] Gerechtsamen mit bewafneter Hand zu behaupten« versuchen. F. O. V. Lawätz, der als Gutsbesitzer in Segeberg mit der Situation vertrauter war, hebt in seinem Bericht zur Lage der Insten (1795) deutlich hervor, daß »der Bauer in Hinsicht seiner Kohlungen und Weide abgefunden wurde«, während den Insten weiterhin nur der Holzfrevel als Mittel bleibe, sich Anteile an dem ehemaligen Allmende-Besitz zu sichern (Gedanken, S. 72). Hier auch wichtige Details zu dem sozialen Differenzierungsprozeß in den holsteinischen Dörfern.

26 Westfälischer Anzeiger, Nr. 13 (12. 2. 1802): »Hülfe! Einbruch der völligsten Unsicherheit«.

27 Mooser, Holzdiebstahl, S. 79f.

28 LAS., Abt. 10, Nr. 322.1.

29 Zitat aus der Abschrift des Flugblattes im Bericht des Amtmanns von Trawenthal vom 7. 10. 1794: LAS., Abt. 65.2, Nr. 4447 I.

30 Lawätz, Gedanken, S. 92.

31 Regling, Anfänge, S. 45.

32 Jantke/Hilger, Die Eigentumslosen, S. 57; Regling, Anfänge, S. 46.

33 Ebd., S. 55ff., das Zitat S. 59.

34 Ebd., S. 76ff.

35 Rüdel, Landarbeiter, S. 175ff., 121.

36 Ziekursch, Agrargeschichte, S. 213; Reis, Agrarfrage, S. 23ff.

37 Scheel, Jakobiner, S. 441.

38 Dipper, Bauernbefreiung, S. 155, 163.

39 Garve, Character, S. 64f.

40 Dazu eingehend Medick, Kultur, S. 162ff.; Braun, Schweiz, S. 135ff.; Blessing, Theuerungsexcesse, S. 354ff.; Kramer/Wilkens, Volksleben, S. 1000ff.; Schindler, Spuren, S. 63f. Das Zitat aus einer Eingabe Rumpes

in: Archiv des Märkischen Kreises, Altena, Archivbestand Rumpe, 1. Kasten. Zur Industriestruktur Altenas: Kaufhold, Gewerbe, S. 259f. Zu dem Themenkomplex ferner: Justi, Grundfeste, 2. Bd., S. 424ff.; Fischer, Armut, S. 44ff.; Sachße/Tennstedt, Bettler, S. 103ff.; Baumann, Armut, S. 161ff.; Marzahn, Zucht- und Arbeitshaus, S. 7ff. Beispiele für die Kritik der plebejischen Lebensweise durch aufgeklärte Zeitgenossen: Schwager, Bauern, S. 44ff.; Günther, Versuch, S. 162; Büsch, Nachtrag S. 83; Schierwater, Über die Ursachen des Verfalls der hiesigen Manufacturen, Fabriken und Gewerbe und über die Mittel zur Herstellung derselben, in: Verhandlungen und Schriften der Hamburgischen Gesellschaft zur Beförderung der Künste und nützlichen Gewerbe, 1. Bd., Hamburg 1792, S. 95–166, bes. S. 141. Verständnis für die Verausgabungen in Festen und Feiern und ihren sozialen Sinn zeigt dagegen: Müller, Choragraphie, S. 14ff.

41 G. Forster, Ansichten vom Niederrhein, von Brabant, Flandern, Holland, England und Frankreich im April, Mai und Junius 1790, in: Forsters Werke in 2 Bänden, Berlin/Weimar 1979, 2. Bd., S. 5–468, die Zitate S. 22, 53ff.; Garve, Character, S. 70f.

42 Marzah, Zucht- und Arbeitshaus, S. 7ff.; Sachße/Tenstedt, Bettler, S. 90ff.

43 Krüger, Manufakturen, S. 376f.

44 Zitiert nach B. Mehnke, Armut und Elend in Hamburg. Eine Untersuchung über das öffentliche Armenwesen in der ersten Hälfte des 19. Jahrhunderts, Hamburg 1982, S. 17.

45 National-Zeitung der Teutschen 1796, S. 210.

46 National-Zeitung der Teutschen 1796, S. 734ff. Daneben gab es durchaus auch Bemühungen der Aufklärung, an Stelle »der bisher üblichen sittenverderblichen Feste neue und bessere zu setzen« (Westfälischer Anzeiger v. 28. 7. 1801); siehe auch: D. Narr, Fest und Feier im Kulturprogramm der Aufklärung, in: ders., Studien zur Spätaufklärung im deutschen Südwesten, Stuttgart 1979, S. 208–226; Blessing, Fest, S. 361f.; P. Münch, Fêtes pour le peuple, rien par le peuple. »Öffentliche« Feste im Programm der Aufklärung, in: D. Düding/P. Friedemann/P. Münch (Hg.), Öffentliche Festkultur. Politische Feste in Deutschland von der Aufklärung bis zum Ersten Weltkrieg, Reinbek 1988, S. 25–45.

47 Sauer, Schuster, S. 435ff. Zur Verringerung der Feiertage: Politisches Journal 1789, S. 1106.

48 F. Keinemann, Unruhen und Krisen im Fürstbistum Paderborn am Ende des 18. Jahrhunderts, in: Westfälische Zeitschr. 118 (1968), S. 339–362, S. 342.

49 Politisches Journal 1789, S. 1058; W. Häusler, »Die blutige Scene der Geißler und Kreuzzieher Rotten auf der Maria Taferl Wallfahrt und ihre schönen Früchte im philosophischen Jahrhundert«. Wallfahrtwesen und Brauchtum zwischen Josephinismus und Romantik, in: Das Waldviertel 31 (1982), S. 177–192; K. Gottschall, Dokumente zum Wandel im religiösen Leben Wiens während des Josephinismus, Wien 1979, S. 88ff.; Blessing, Fest, S. 361f.

50 Grießinger/Reith, Ordnungskonzeptionen, S. 137ff., dort auch das Zitat.

51 Hamburgischer Briefträger 1795, S. 493f.
52 F. Kopitzsch, Grundzüge einer Sozialgeschichte der Aufklärung in Hamburg und Altona, Hamburg 1982, S. 462, 492.
53 Ebd., S. 320.
54 Forster, Ansichten (wie Anm. 41), S. 52ff.
55 H. Schmidt, »Aufgeklärte« Gesangbuch-Reform und ländliche Gemeinde. Zum Widerstand gegen die Einführungen neuer Gesangbücher im Herzogtum Oldenburg und der Herrschaft Jever am Ende des 18. Jahrhunderts, in: E. Hinrichs/G. Wiegelmann (Hg.), Sozialer und kultureller Wandel in der ländlichen Welt des 18. Jahrhunderts, Wolfenbüttel 1982, S. 85–115; Beyer, Kirchenkämpfe, S. 107ff.; Fehrenbach, Ancien Régime, S. 61.
56 Beyer, Kirchenkämpfe, S. 121ff.; ders., Gesinnungsgeschichte, S. 232; ders., Mittelholstein, S. 134ff.
57 LAS., Abt 10 Nr. 322, 8: Rellingen.
58 Zitiert nach: Beyer, Kirchenkämpfe, S. 123.
59 Sta.Ms., Kreis Iserlohn Nr. 256, Bl. 44; vgl. auch die Kritik von Harkort, Arbeiterspiegel, S. 17.
60 Langewiesche/Schönhoven, Arbeiter, S. 24; Strauß, Lage, S. 116ff.; Schomerus, Arbeiter, S. 229.
61 A. Kraus, Unterschichten und Sozialpolitik in Hamburg, 1815–1848, in: Herzig/Langewiesche/Sywottek (Hg.), Arbeiter, S. 71–78.
62 W. Kaschuba/C. Lipp, 1848 – Provinz und Revolution. Kultureller Wandel und soziale Bewegung im Königreich Württemberg, Tübingen 1979, S. 106ff.; Kraus, Unterschichten und Sozialpolitik, S. 72f.
63 U. Wyrwa, Der Alkoholgenuß der Hamburgischen Unterschichten (1750–1850), in: Arch. f. d. Gesch. d. Widerstandes und der Arbeit 6 (1984), S. 45–76, S. 68ff., dort auch das Zitat; Gailus, Pöbelexzesse, S. 10.
64 H. u. Sta. Wien, Reichskanzlei, Fasc. 23; Hamburgischer Briefträger 1795, S. 603–607.
65 Mandat wider Aufläufe und Tumulte. Auf Befehl eines hochweisen Raths der Kayserlich-freyen Reichsstadt Hamburg. Publicirt den 8. July 1796, S. 4.
66 Günther, Über den Aufstand, S. 21.
67 Herzig, Märkisch-westfälisches Industriegebiet, S. 278.
68 National-Zeitung der Teutschen 1796, S. 70; Stda. Sol., Ratsprotokolle 10a, Bl. 21f.; Haasis, Spuren, S. 650.
69 Volkmann, Protestträger, S. 69ff.
70 Langewiesche, Tagebuch, S. 301.
71 Klose, Aufzeichnungen, S. 40; H. u. Sta. Wien, Staatskanzlei, Fasc. 67, Korrespondenz 1793, Bericht Heckels an Thugut (Berlin, d. 7. 5. 1793). Sta. Wr. Mag. Nr. 1086, Bl. 22; H. Markgraf, Finanz- und Verfassungsgeschichte Breslaus unter Friedrich Wilhelm II., in: Zeitschr. d. Ver. f. Gesch. u. Altertk. Schlesiens, 28. Bd. (1894), S. 1–80, bes. S. 39ff.
72 H. v. Treitschke, Deutsche Geschichte im Neunzehnten Jahrhundert, 4. Teil, Leipzig 1913/Nachdruck Königstein 1981, S. 142f.
73 Volkmann, Protestträger, S. 72.
74 Ebd., S. 71.

75 Mandat wider Aufläufe (wie Anm. 65), S. 4.
76 Volkmann, Protestträger, S. 74.
77 Langewiesche, Tagebuch, S. 300.
78 V. Valentin, Geschichte der deutschen Revolution 1848/49, 2 Bde., Köln/Berlin 1970, 2. Bd., S. 252f.
79 Berlin: Gailus, Pöbelexzesse, S. 23f. Hamburg: Husung, Protest, S. 83. Wien: Saurer, Kultur, S. 178ff.
80 Vgl. dagegen Volkmann, Innovation, S. 47ff.
81 A. Herzig/K. Rosenthal (Hg.), 1848/49 Revolution in Iserlohn. Katalog. Iserlohn 1974, S. 19.
82 Bergmann, Soziallage, S. 294ff.

2. *Kapitel: Moral und Rechtsbewußtsein der Protestierenden*

1 Journal von und für Deutschland 1790, S. 1127–1129.
2 Eggers, Aufbewahrung, S. 14, 21.
3 ZSM,; Rep. 96A Tit. 128E, Bl. 21^v.
4 Ebd., Bl. 27^v, 49^v; s. auch Wirtz, Widersetzlichkeiten, S. 17ff.
5 Dazu grundsätzlich: Thompson, Kultur, S. 67ff.; D. Groh, Zur Einführung, ebd., S. 21ff.
6 v. Justi, Grundfeste, Bd. 1, S. 267; C. Wolff, Grundsätze des Natur- und Völkerrechts, Halle 1754, S. 65ff.; Zimmermann, »Noth« und »Theuerung«, S. 96ff.
7 ZSM., Gen. Dir. Mark Tit CLXXX, Nr. 5, Bl. 4; für Schlesien siehe Hoyms Bericht vom 17. 2. 1795, in: Acta Borussica, 4. Bd., S. 457ff.
8 Eversmann, Lebensbeschreibung, S. 42.
9 Stda. Rothbg., B 133, Bl. 606ff.
10 Acta Borussica, 4. Bd., S. 439ff.
11 Ebd., S. 441ff.; Günther, Versuch, S. 102f., 123ff.; [Anonym,] Über die unruhigen Bewegungen, S. 7ff.
12 [Anonym,] Über das Aufstehen, S. 4.
13 Zitiert nach Spading, Volksbewegungen, S. 562.
14 Zitiert nach Schildhauer, Auswirkungen, S. 4.
15 HSta. Hbg., Cl XI Spec. Lit. M, Nr. 2, vol. 10, Fasc. 5.
16 Stda. Lüb., Bürgerschaft II 113. 12.
17 Schwarz, Lage, S. 316f.; Gailus, Protestbewegungen, S. 84.
18 Eggers, Aufbewahrung, S. 10ff.
19 Ebd.
20 Stda. Sol., Rep. 10a, Bl. 21f.; Haasis, Spuren, S. 650.
21 ZSM., Gen. Dir. Mark Tit. CLXXX, Nr. 5, Bl. 54.
22 Eggers, Aufbewahrung, S. 17f.
23 Hamburgischer Briefträger 1794, S. 745f.
24 Mettlerkamp, Vertheidigung, S. 21; Zunker, Franzosenzeit, S. 60ff.
25 LAS., Abt. 10, Nr. 322.

26 Zum Ehrenkodex siehe: Grießinger, Kapital, S. 101 ff.

27 R. Koselleck, Preußen, S. 620. Kritik an dem neuen Sozialverständnis des Staates übte vor allem F. Harkort, Bemerkungen, S. 54: »Ein Staat wie Preußen, der Schätze von Metall aufhäuft, ... kann eben wohl auf dichtbevölkerten oft bedrängten Punkten Magazine anlegen, und, wenn die Mittelpreise überschritten werden, dem Nothleidenden in kleinen Spenden eröffnen«.

28 Häusler, Massenarmut, S. 131; Gailus, Pöbelexzesse, S. 23 ff.; Husung, Protest, S. 176.

29 Das Zitat: Gailus, Protestbewegungen, S. 84; s. auch Blessing, Theuerungsexcesse, S. 373; Husung, Protest, S. 177. Zum Rechtsverständnis der schlesischen Weber: Wolff, Elend, S. 195.

30 Gailus, Protestbewegungen, S. 84.

31 National-Zeitung der Teutschen 1796, S. 209 f.

32 LAS., Abt. 10 Nr. 322.: Kaltenkirchen.

33 Eggers, Aufbewahrung, S. 29; Kroneberg/Schloesser, Weber-Revolte, S. 227; Liebenroth, Fragmente, S. 190 ff.; Ziekursch, Agrargeschichte, S. 241 ff.

34 Die Quelle abgedruckt in: Herzig, Schwelm, S. 23.

35 Die Logik dieser Moral zeigt sich auch beim Kaltenkirchner Instenaufstand 1794, wo dem Taxator die Geldsumme abgenommen wurde, die er für die Taxation der Objekte, die den Insten wegen Steuerverweigerung abgenommen wurden, erhalten hatte. LAS., Abt. 10 – Nr. 322.1: Kaltenkirchen.

36 Ebd.; Es gilt im einzelnen noch zu klären, welche Zusammenhänge zwischen ländlichen und städtischen Bestrafungsformen bestehen. Zu den Zusammenhängen in England siehe: Bushaway, Ceremony, S. 16 ff.

37 Sta. Wr., Magistr. Nr. 1043, Bl. 199; Rosenthal, Aufruhr, S. 155.

38 Zitiert nach: G. Marwedel, Geschichte der Juden in Hamburg, Altona und Wandsbek, Hamburg 1982, S. 11. Ähnliche Aktionen werden auch aus Lübeck berichtet, vgl. D. A. Winter, Geschichte der jüdischen Gemeinde in Moisling/Lübeck, Lübeck 1968, S. 99. In Hamburg wie in Lübeck wohnten zur Zeit dieser Aggressionen die Juden nicht in der Stadt, sondern in Altona bzw. Moisling, waren für die Unterschichten also »Fremde«.

39 E. Schubert, Arme Leute, Bettler und Gauner im Franken des 18. Jahrhundert, Neustadt/Aisch, 1983, S. 151 ff.

40 Journal von und für Deutschland 1787, S. 509.

41 Herzig, Organisationsformen, S. 98, dort auch das Zitat.

42 H. Krohn, Die Juden in Hamburg 1800–1850. Ihre soziale, kulturelle und politische Entwicklung während der Emanzipationszeit, Frankfurt 1967, S. 90.

43 Audorf, Erlebnisse, Nr. 232 (3. 10. 1886).

44 Wirtz, Widersetzlichkeiten, S. 64; Zimmermann, Sozialprotest, S. 91; Husung, Protest, 200; Auch Marktproteste gegen jüdische Zwischenhändler gingen offensichtlich von der bürgerlichen Mittelschicht aus, wie der Bericht des Pfarrers Ph. Scherer für Mainz (»Mainzer Bürger«) zeigt. Zitiert in: W. Abel, Massenarmut, S. 146.

45 Für Rothenburg o. d. T. (1796): Stda. Rothbg., B 134, Bl. 1; Aschaffenburg (1790): H. u. Sta. Wien, Milit., Fasc. 102 B (1789/91); Zur älteren Tradition dieser Forderung siehe das Revers der Kaufleute zu Unna (27. 8. 1695): Fürstlich zu Bentheim-Tecklenburgisches Archiv Rheda/Westf., Bestand Limburg, Lit. J. Nr. 66, Bl. 20.

46 Siehe Rürup, Emanzipation, S. 50ff., dort auch das Zitat; Post, Crisis, S. 170ff.; Wirtz, Bemerkungen, S. 47ff.

47 Harkorts Zitat in: Westphälisches Dampfboot 1847, S. 601. Zur Einstellung der Kathedersozialisten folgendes Zitat aus den Schriften des Vereins für Socialpolitik, Bd. 23 (1885), S. 9ff.: »Für manchen Bauer oder Kötter ist der Ankauf seines Besitzes durch einen der alten großen Grundbesitzer zur Rettung geworden, da er als Pächter nachher sicherer sitzt, denn als verschuldeter Eigentümer. Die Zahl derjenigen Bauern, welche als nominelle Eigentümer Sklawen der Juden und Wucherer sind, hat in erschreckendem Maße zugenommen.« Zitiert nach: A. Barkai, Die sozio-ökonomische Situation der Juden in Rheinland-Westfalen zur Zeit der Industrialisierung, in: Düwell/Köllmann (Hg.), Rheinland-Westfalen, Bd. 2, S. 86–106, das Zitat S. 98.

48 Zu den religiös gefärbten Protesten in Minden (1843), Geseke (1844), und Körbecke (1848) siehe: A. Herzig, Judentum und Emanzipation in Westfalen, Münster 1973, S. 78ff.; zu Viernheim: M. Richarz (Hg.), Jüdisches Leben in Deutschland. Selbstzeugnisse zur Sozialgeschichte 1780–1871, New York 1976, S. 155; zu Neuenhoven/Kr. Grevenbroich: HSta. Dssdf., Reg. Aachen Nr. 2483, Bl. 5ff., und A. Herzig, Die jüdische Minderheit Rheinland-Westfalens im Assimilationsprozeß (1780–1860), in: Düwell/Köllmann (Hg.), Rheinland-Westfalen, Bd. 2, S. 72–85, S. 82.

49 Zimmermann, Sozialprotest, S. 93f. Zum Protest von 1795 siehe den Bericht des Gesandten Hoefer (Hamburg, d. 29. 7. 1795) in: H. u. Sta. Wien, Reichskanzlei, Fasc. 23; ferner: Hamburgischer Briefträger 1795, S. 603–607.

50 Husung, Protest, S. 85.

51 Ebd. J. Audorf, Erlebnisse, Nr. 256 (31. 10. 1886). Zur Einschätzung durch das Bürgertum vgl. Sass, Geschichte, S. 15f.

52 Zu Iserlohn: Herzig, Kinderarbeit, S. 318; zu Berlin: Krüger, Manufakturen, S. 424.

53 Zu Eupen: Bericht des Regierungsrats v. Goerschen, zitiert nach: Henkel/Taubert, Maschinenstürmer, S. 78; zu Heiligenhaus: Boch/Krause, Lesebuch, S. 50ff.; zu Langenbielau: Bericht der Vossischen Zeitung v. 22. 6. 1844 in: Kroneberg/Schloesser, Weber-Revolte, S. 188ff.; Büttner, Weberaufstand, S. 219ff.; Zitat des Webers Hauffe in: Schneer, Noth, S. 11f.; zu Prag und Reichenberg: Klima, Arbeiterunruhen, S. 230ff. (dort auch die Zitate); der Bericht des ›Bote[n] aus dem Riesengebirge‹ in: Peukert, Weber, S. 138f.; zu Wien: Häusler, Protestbewegungen, S. 338ff.; zu Solingen: Solinger Kreis-Intelligenzblatt, Nr. 59 (22. 7. 1848).

54 Hobsbawm, Machine, S. 5ff.; Sieferle, Fortschrittsfeinde, S. 70ff.; Lison, Gesellenboykott, S. 53; G. Rudé, Volksmassen, S. 73ff.; S. 138ff.

55 Zitiert nach: Boch/Krause, Lesebuch, S. 52f.

56 Das Lied bei Kroneberg/Schloesser, Weber-Revolte, S. 469 ff. Anders dagegen in dem Lied: »Oh, wenn doch keine Maschine nicht wär«, das 1844 in Nordböhmen entstand und in dem es heißt: »Da wird der Mensch von Kummer gequält / Und um Nahrung zu suchen wohl hier in der Welt, / Mit Weib und mit Kindern und mit traurigem Sinn, / Das hat man zu verdanken den verdammten Maschin'n. ... O Freunde, o Freunde, es wird schwerlich mehr besser, / Denn durch die Maschinen wird's Elend immer größer«. Zitiert nach: Klima, Arbeiterunruhen, S. 263. Hier wird die Maschine als Ursache für die allgemeine Armut gesehen, nicht die Gier der Fabrikanten.

57 Das Zitat nach: Kroneberg/Schloesser, Weber-Revolte, S. 189. Zur Verteidigung der Maschinen durch die Arbeiter der Fabrik in Langenbielau: Vossische Zeitung, Nr. 171 (19. 6. 1844), in: ebd., S. 175; in Eupen: Bericht des Landrats v. Scheibler (13. 4. 1821), zitiert nach: Henkel/Taubert, Maschinenstürmer, S. 66; in Wien: Häusler, Protestbewegungen, S. 338.

58 Zu Voerde: Voye, Geschichte, S. 276; zu Aachen: Düwell, Unruhen, S. 117.

59 Volksbote. Volksblatt für den Kreis Altena, Probenummer (30. 8. 1848). So auch die Argumentation von Otto Lüning in: Westphälisches Dampfboot 3 (1847), S. 6–10, und von Karl Schapper im Kölner Arbeiterverein, in: Zeitung d. Arbeitervereins zu Köln, Nr. 17 (23. 7. 1848).

60 Engelhardt, Unruhe, S. 239; das Zitat: Volksbote (30. 8. 1848).

61 Zu Krefeld: Rösen, Aufstand, S. 32 ff.; zu Iserlohn: Herzig, Märkisch-westfälisches Industriegebiet, S. 266 ff.

62 Sta. Ms., Opr. 680, Bl. 116.

63 Zitat nach: Schlechte, Arbeiterverbrüderung, S. 303.

64 Zitiert nach: »Die jetzigen Verhältnisse des Arbeiters zur Maschine« von »einem jungen Arbeiter«, in: Ztg. des Arb. Ver. zu Köln 6, 28. 5. 1848.

65 Rösen, Aufstand, S. 52. Zur sozialpolitischen Rolle des preußischen Staates in der ersten Hälfte des 19. Jahrhunderts: Koselleck, Preußen, S. 622 ff.; Vogel, Gewerbefreiheit, S. 165 ff.; Herzig, Kinderarbeit, S. 350 ff.

66 Sta. Ms., Opr. 680, Bl. 166.

67 Zum Royalismus der Unterschichten in den 1790er Jahren: Krüger, Manufakturen, S. 407; K. Biedermann, Deutschland, S. 165 f.; Ziekursch, Agrargeschichte, S. 243 ff.; Garve, Charakter, S. [814]; Liebenroth, Fragmente, S. 141 ff.; GLA. Ka., Abt. 74, Nr. 6289, Bl. 59.

68 Zu Barth: Spading, Volksbewegungen, S. 87 ff.; zu Rostock: Journal von u. für Deutschland 1790, S. 1128; zu Altona: LAS., Abt. 10, Nr. 322.

69 Zitate nach Ziekursch, Agrargeschichte, S. 228 f.

70 Ebd., S. 236 ff.; Zitat nach Stulz/Opitz, Volksbewegungen, S. 58.

71 Ziekursch, Agrargeschichte, S. 236 ff.

72 Gailus, Pöbelexzesse, S. 4; Wirtz, Begriffsverwirrung, S. 91; Herzig, Märkisch-westfälisches Industriegebiet, S. 270 ff. Auf welcher Seite freilich der Monarch bei dem Iserlohner Protest 1840 stand, wird deutlich in dem Handschreiben des preußischen Königs an die »Bürgerschaft zu Iserlohn«, der er versicherte, »daß die durch einige unbesonnene und ihr eigenes Interesse verkennende Fabrikarbeiter im November vorigen Jahres veranlaß-

ten Excesse nicht vermocht haben, den hieran unschuldigen Einwohnern der Stadt Mein landesväterliches Wohlwollen zu entziehen«. Als Faksimile abgedruckt in: A. Herzig/K. Rosenthal (Hg.), 1848/49. Revolution in Iserlohn. Katalog, Iserlohn 1974, S. 8; J. Bergmann, Soziallage, S. 297. Eine Ausnahme bildet 1830 der Sturm der Braunschweiger Unterschichten auf das Schloß des Herzogs, weil dieser nichts bzw. zu spät etwas gegen die Folgen der Mißernte von 1830 unternommen hatte. Nach der Flucht des Herzogs setzten sie, vermutlich als Vergeltungsaktion, das Schloß in Brand, s. Husung, Protest, S. 53.

73 Lassalle, Reden, 2. Bd., S. 864 ff.

74 Thompson, Kultur, S. 101.

75 Beide Gedichte in: Kroneberg/Schloesser, Weber-Revolte, S. 472, 483.

76 Blasius/Pankoke, Stein, S. 52 ff., S. 125 ff. Inwieweit Lorenz von Stein mit seiner These vom »Königtum als einer über die sozialen Gegensätze erhabenen politischen Instanz« (ebd., S. 125) auf die soziale Utopie der Unterschichten einging, muß offenbleiben. Zum Vorwurf der »realitätsfernen Theorie« s. Blasius, Königtum, S. 41 ff. Zur Rolle dieser Theorie in der zeitgenössischen Romanliteratur: O. Scholz, Arbeiterselbstbild und Arbeiterfremdbild zur Zeit der industriellen Revolution, Berlin [West] 1980, S. 170.

77 Ziekursch, Agrargeschichte, S. 227 f.

78 LAS., Abt. 65.2, Nr. 337 II, Bl. 31.

79 Schröder, Tumult, S. 32; Spading, Volksbewegungen, S. 91.

80 Rosenthal, Aufruhr, S. 159.

81 Zur Bestrafung in den Westprovinzen: Herzig, Schwelm, S. 15 ff.; zu Schlesien: Ziekursch, Agrargeschichte, S. 226.

82 Ebd., S. 231 f.; Philippson, Geschichte, S. 26 ff.

83 Philippson, Geschichte, S. 39.

84 Zitiert ebd., S. 41, Anm. 1.

85 Zitiert nach Ziekursch, Agrargeschichte, S. 246.

86 Patent 20. 5. 1793, Patent 29. 7. 1794, abgedruckt: Krüger, Manufakturen, S. 649–653.

87 Cirkular-Verordnung, d. d. Berlin, d. 30. 12. 1798, ZAM., Rep. 96 A, 128 E, Bl. 7 (Berlin, d. 27. 6. 1805); Sta. Wr., Magistr. Nr. 1087, Bl. 29; Lüdtke, Gemeinwohl, S. 289.

88 Goldbeck an Friedrich Wilhelm III. (Berlin, d. 1. 8. 1805): »... aus der Verordnung vom 30. Dezember 1798, Abschnitt I, aber erhellet, daß jeder Tumult des Volks, ohne deßen nächste Tendenz zu berücksichtigen, unter diesem neueren Lands-Gesetz begriffen sey, und daraus folgt, daß dasselbe hier seine volle Anwendung finden müßte. Wer den mit Beschädigung von Personen oder Gütern verknüpft gewesenen Tumult veranlaßt oder auch nur durch Gewaltthätigkeiten Theil daran genommen hat, soll nach § 9 und 10 dieser Verordnung, mit harter Vestungs- oder Zuchthausstrafe belegt, und diese mit körperlicher Züchtigung verschärft werden, wenn aber der obrigkeitlichen Personen und Wachen, welche zur Stillung des Tumults herbeyeilen, nicht Folge sondern Widerstand geleistet wird, so soll die sonst schon verwirkte harte Vestungs- oder Zuchthausstrafe verdoppelt und sie

kann selbst bis zur Lebensstrafe erhöhet werden ...«. ZSM., Rep 96 A, 128 E, Bl. 15. Die weiteren Zitate Bl. 16ff.

89 Lüdtke, Gemeinwohl, S. 284, 293.

90 Zu den Strafen nach dem schlesischen Weberaufstand 1844: Kroneberg/Schloesser, Weber-Revolte, S. 231ff.; zu Eupen: Henkel/Taubert, Maschinenstürmer, S. 135; zu Aachen: Venedey, Darstellung, S. 211f.; zu Iserlohn: Amtsblatt d. Reg. Arnsberg, Nr. 35 (28. 8. 1841), S. 241; zu Berlin: Gailus, Pöbelexzesse, S. 33f.

91 Schwarz, Lage, S. 379. Mandat wider Aufläufe und Tumulte, Hamburg, d. 8. 7. 1796; Kurfürstl. Sächs. Mandat wider Tumult und Aufruhr, Dresden, d. 18. 1. 1791; Königl. Verordnung für Schleswig-Holstein vom 11. 9. 1795. LAS., Abt. 401.

92 Blasius, Gesellschaft, S. 138.

3. Kapitel: Die Protestträger

1 Kant, Anthropologie, S. 204f.

2 Zu Augsburg: Altonaer Merkur, 1794, S. 535. Zu Nördlingen: National-Zeitung der Teutschen, 1796, S. 262–270; S. 426–432.

3 Hauptmeyer, Bäuerlicher Widerstand, S. 217ff.

4 LAS., Abt. 65.2, Nr. 337 II. Von der Schwierigkeit der Obrigkeit, die Zusammensetzung der Hungerprotest-Trägerschichten genau zu analysieren, zeugt der Bericht des Altonaer Präsidenten Stemann anläßlich des Aufstandes vom Oktober 1794. In seinem Bericht vom 14. 10. 1794 heißt es: weil es »keine allgemeine Verbindung, nur ein Zusammenfluß von einzelnen Leuten, wozu sich Raub- und Diebes-Gesindel, das von keiner anderen Gesellschaft unterstützet wird, gesellet haten ...«, LAS., Abt. 10, Nr. 322, Nr. 3 fol. 2f. Der kaiserliche Gesandte dagegen schreibt über die Zusammensetzung: »Der Pöbel, der meistens aus Handwerkern bestand«, H. u. Sta. Wien, Reichskanzlei, Berichte aus Hamburg, Fasc. 22^b, Bericht vom 14. 10. 1974.

5 Göttsch, Flensburg, S. 213; LAS., Abt. 65.2, Nr. 337 II.

6 Zu Rostock: Mittag, Rostock, S. 15; Zoch, Unruhen, S. 11. Zu Aschersleben: ZSM., Rep 96A, 52E, Bl. 55. Auch der preußische Staat versuchte, die protestierenden Handwerksmeister auf die Seite der Ordnungspartei zu ziehen; v. Goldbeck plädierte deshalb für bewußt niedrigere Gefängnisstrafen: »... daß Bürger und Meister, deren Eheweiber oder Witwen ... nicht zu Züchtigung, sondern blos zu Gefängnißstrafen verurteilt«, ebd., Bl. 26.

7 Zu Rothenburg: Stda. Rothbg., B 133, Bl. 605. Zu Barth: Spading, Volksbewegungen, S. 87f.

8 Möglichst specielles, S. 16.

9 Mandat vom 11. 4. 1795 in: Stda. Nbg., Mandate vom 3. und 11. 4. 1795,

ferner: Samstägiger Friedens- und Kriegs-Courier, Nr. 105, Nürnberg, 2. 5. 1795. Zur politischen Situation in Nürnberg: Grießinger/Reith, Ordnungskonzeptionen, S. 174ff.; zum sog. Eierkuchenaufstand: A. Bartelmeß in: Bäckerinnung Nürnberg (Hg.), Chronik des Nürnberger Bäckerhandwerks von 1302–1982, Nürnberg 1982, S. 70.

10 Anlaß des Protests der meuternden Soldaten, bei dem die Handwerker eine Unterstützung ablehnten, war eine Reduktion der Brotration, die »zur Erleichterung ihres [der Gefreiten und Gemeinen der Lübecker Garnison] allgemein bekannten Nothstandes alle 8 Tage ... zu reichen sey«. Stda. Lüb., Bürgerschaft II 15.19: Meuterei 1796; J. R. Becker, Umständliche Geschichte der Kaiserl. u. d. Hl. Röm. Reichsfreyen Stadt Lübeck, 3. Bd., Lübeck 1805, S. 391–394; Brehmer, Soldatenunruhen, S. 98ff.; Grab, Strömungen, S. 157ff. Im Nachgang zu dem Hungerprotest in Halle an der Saale stellt 1805 der Kammerpräsident v. Bülow, Magdeburg, fest: »Mit großer Wahrscheinlichkeit sind leider ähnliche Ereignisse in anderen Städten hiesiger Provinz vorauszusehen, wenn bei dem gemeinen Manne und besonders den Fabriken Arbeitern die Mittel, das theure Korn zu bezahlen noch mehr erschöpft sind, und ob ich gleich gewiß glaube, für die Ruhe der Stadt Magdeburg haften zu können, so sind doch, da kein Mittel vorhanden ist, unangenehme Vorfälle möglich.« ZSM., Rep. 96A Tit. 52 L, Bl. 12ff.

11 Volkmann, Protestträger, S. 58ff.; siehe auch: Fenske, S. 193ff.

12 Dazu grundsätzlich: Volkmann, Kategorien, S. 164ff. Zur wechselnden Terminologie für die Bürgergarden als »Sicherheitswache« etc. siehe Volkmann, Protestträger, S. 60, Anm. 7.

13 Zu Güstrow: Schröder, Tumult, S. 25ff. Zu Döbeln: Stulz/Opitz, Volksbewegungen, S. 83.

14 Henkel/Taubert, Maschinenstürmer, S. 65.

15 Zu Aachen: Volkmann, Strukturwandel, S. 559ff. Zu Iserlohn: Herzig, Märkisch-westfälisches Industriegebiet, S. 269. Zu Krefeld: Rösen, Aufstand, S. 47f. Hier auch das Zitat.

16 Das Zitat: Husung, Protest, S. 226; Lüdtke, Gemeinwohl, S. 289f.

17 Klose, Aufzeichnungen, S. 117; Ziekursch, Agrargeschichte, S. 243; H. u. Sta. Wien, Reichskanzlei, Berichte aus Hamburg, Fasc. 22^{b}, Bericht vom 11. 10. 1794; Herzig, Märkisch-westfälisches Industriegebiet, S. 273.

18 Volkmann, Wirtschaftlicher Strukturwandel, S. 556; Bergmann, Soziallage, S. 296f.

19 Thomis/Grimmet, Women, passim; Perrot, Weiber, S. 78f.; Hansen, Quellen, 1. Bd., S. 575; ZSM., Gen. Dir. Mark, Tit CLXXX, Nr. 5, Bl. 19; Rep. 96 A, Tit. 128 E, Bl. 27ff.; Audorf, Erlebnisse Nr. 262 (7. 11. 1886); Husung, Protest, S. 219; Saurer, Kultur, S. 144.

20 Zitiert nach Hansen, Quellen, 1. Bd., S. 575.

21 ZSM., Rep. 96A. Tit. 128 E, Bl. 15, 19f.

22 Ebd., Bl. 27.

23 Ebd., Bl. 51.

24 Ebd., Bl. 47ff.

25 Ebd., und Rep. 96 A. Tit. 52 L, Bl. 12.

26 Ebd., Bl. 19ff., 35f.

27 Audorf, Erlebnisse, Nr. 262 (7. 11. 1886); Gailus, Pöbelexzesse, S. 33; Gailus, Protestbewegungen, S. 83.
28 Volkmann, Protestträger, S. 65.
29 Sta. Wr., Magistratsakten Nr. 1054; Aufzeichnungen des Schneidermeisters J. G. Klose, Aufzeichnungen, S. 128f.
30 ZSM., Rep. 96A. Tit. 128 E, Bl. 6^v.
31 ZSM., Rep. 96 A. Tit. 128 E, Bl. 34; Husung, Protest, S. 220; Volkmann, Protestträger, S. 64ff.
32 Audorf, Erlebnisse, Nr. 232 (3. 10. 1886); Zunker, Franzosenzeit, S. 60ff.
33 Volkmann, Protestträger, S. 65.
34 Husung, Protest, S. 113.
35 Gailus, Pöbelexzesse, S. 33.
36 Mittag, Rostock, S. 97.
37 ZSM., Gen. Dir. Mark, Tit. CLXXX, Nr. 5, Bl. 1a. Fabrikanten meint hier die Heimgewerbetreibenden. Zur Organisation in Altena/Westf. siehe: Kaufhold, Gewerbe, S. 293; Stda. Sol., Ratsprotokolle 10a, Bl. 15ff.
38 Sta. Ms. Oberpräsidium Nr. 680, Nr. 39, Bl. 142.
39 A. Herzig/K. Rosenthal, 1848/49 – Revolution in Iserlohn. Katalog, S. 17; Dowe, Aktion, S. 133.
40 Liebenroth, Fragmente, S. 170f.
41 Ebd., S. 267f.
42 Ebd.
43 Ziekursch, Agrargeschichte, S. 228.
44 LAS., Abt. 65.2, Nr. 4447 I.
45 Auszüge aus Aufruhrzetteln schlesischer Aufständischer, die in der verlorengegangenen Akte Sta. Breslau, Rep. 199 M. R. XIV enthalten waren, sind abgedruckt in: Ziekursch, Agrargeschichte, S. 230ff. Die sächsische Aufruhrschrift »Wir Verschwohrenen« ist abgedruckt in: Stulz/Opitz, Volksbewegungen, Quellenanhang, S. Iff. Aufruhrzettel der Kaltenkirchener Insten: LAS., Abt. 65.2, Nr. 4447 I, Bl. 8.
46 ZSM., Rep. 96 A. Tit. 128 E, Bl. 14; Rösen, Aufstand, S. 33, 54.
47 Refrain des »Nachtwächterlieds« in: Ziekursch, Agrargeschichte, S. 242. Das »Wiener Weberlied« (1792) in: Häusler, Massenarmut, S. 41. »Das Blutgericht« (1844) in: Kroneberg/Schloesser, Weber-Revolte, S. 469ff. Das Lied »Der Schmiede Unglück« (1834) in: Boch/Krause, Lesebuch, S. 52f.; siehe auch Haasis, Spuren, S. 628. Dagegen stammt das ebd., S. 629ff. zitierte Lied: »Zerbrecht das Joch« nicht aus dem kulturellen Milieu der Unterschichten.
48 Zitiert nach Dipper, Bauernbefreiung, S. 155.
49 Das Lied des schlesischen Webers Fianke: »Was sich da Schwoger Gothlieb un da Schwoger Korle vun da orma Schlesing un am Herrn Schulze-Delitzsch dirzähln«: Social-Demokrat, Nr. 233 (30. 11. 1865).
50 Volkmann, Strukturwandel, S. 556; Düwell, Unruhen, S. 118; Boch/Krause, Lesebuch, S. 50ff.; Henkel/Taubert, Maschinenstürmer, S. 67. Zum Fabrikenprotest eines entlassenen Fabrikarbeiters siehe das interessante Beispiel des Matthias Genger, das Häusler, Manufaktur, S. 54, aufführt. Zu Konflikten in der Fabrik führte bereits in den 1790er Jahren die

sozial abgehobene Stellung der Maschinenarbeiter, zumal wenn sie als Aufsichtspersonen über den einfachen Arbeitern standen und deren Arbeitsweise und Arbeitsrhythmus bestimmten; so in Koblenz (1792): LHA. Ko., Abt. 342, 2 Nr. 977, Bl. 55ff.; in Iserlohn (1840): Sta. Ms., Oberpräsidium Nr. 680, Nr. 39, Bl. 125; in Himmelmühle/Sachsen: Schlechte, Arbeiterverbrüderung, S. 301ff.

51 Bergmann, Soziallage, S. 299.

52 Dipper, Bauernbefreiung, S. 155.

53 Zu Kaltenkirchen: Untertäniges Pro Memoria des Kirchspielvogts Horn (Ulzburg, d. 6. 9. 1794), LAS., Abt. 10, Nr. 322. Zu Langenbielau: Bericht der Vossischen Zeitung v. 22. 6. 1844, in: Kroneberg/Schloesser, Weber-Revolte, S. 190.

54 Liebenroth, Fragmente, S. 182.

55 So bei der Vernehmung nach dem Flensburger Hungerprotest, LAS., Abt. 65.2, Nr. 337 II; Göttsch, Flensburg, S. 175.

56 Bericht in der Vossischen Zeitung, Nr. 144 (22. 6. 1844). Abgedruckt in: Kroneberg/Schloesser, Weber-Revolte, S. 188ff.

57 H. u. Sta. Wien, Mainzer Erzkanzlei-Archiv, Militaria, Fasc. 102 B.

58 Hansen, Quellen, 2. Bd., S. 459f.

59 Ziekursch, Agrargeschichte, S. 230.

60 Herzig, Organisationsformen, S. 97; Günther, Aufstand, S. 21; Möglichst specielles, S. 12.

61 Zu Aachen: Düwell, Unruhen, S. 16. Zu Vörde: Voye, Industrie, S. 276. Zu Iserlohn: Herzig, Märkisch-westfälisches Industriegebiet, S. 268. Zu Langenbielau: Kroneberg/Schloesser, Weber-Revolte, S. 207.

62 A. Herzig, Kontinuität, S. 296f.

63 Für Krefeld: Rösen, Aufstand, S. 54. Für Iserlohn: Herzig, Märkisch-westfälisches Industriegebiet, S. 268. Bereits im Dezember 1843 waren die Langenbielauer Weber mit »Trommeln und Trompeten« auf das Schloß des Grafen Sandretzky gezogen, um Forderungen vorzutragen. Kroneberg/Schloesser, Weber-Revolte, S. 155.

64 Klose, Aufzeichnungen, S. 107.

65 Thompson, Kultur, S. 262.

66 Schwarz, Lage, S. 373. Zu Breslau: Aussage der Maurergesellen nach dem Aufstand von 1793: »... Vielmehr hätten sie [die Maurergesellen] das Hoffmannsche Haus, als der Pöbel sogar nach dem Kartätschenfeuer mit dessen Zerstörung noch immer continuiret, in Schutz genommen und das Gesindel, was dort sein Wesen getrieben, auf Anrathen des H. Ministers, Grafen v. Hoym ... herausgetrieben und dieses letzemal zugleich die Thür mit Brettern verschlagen«, Sta. Wr., Mag. Nr. 1043, Bl. 85. Zu Osnabrück: Merx, Aufstand, S. 233.

67 Kaschuba, Volkskultur, S. 154.

68 Mooser, Klassengesellschaft, S. 182ff.

69 Kaschuba, Volkskultur, S. 163.

70 Tenfelde/Volkmann, Streik, S. 19; Langewiesche, Europa, S. 143; Blasius, Kriminalität, S. 57; Reif, Räuber, S. 10ff.; D. Geary, Arbeiterprotest und Arbeiterbewegung in Europa 1848–1939, München 1983, S. 24ff.

4. Kapitel: Unterschichtenprotest – politische Theorie und politische Bewegung

1 Th. Schön, Studienreisen eines jungen Staatswirths in Deutschland am Schlusse des vorigen Jahrhunderts, Leipzig 1879, S. 315; Westfälischer Anzeiger, Nr. 13 (12. 2. 1802).

2 Friedrich Wilhelm an die Landräte bei den schlesischen Cammer-Departements (Jauer, d. 15. 4. 1793), in: Sta. Wr., Magistratsakten, Nr. III/1304, Bl. 2f.; ebd., Nr. 1043, Bl. 199f.; Herzig/Sachs, Breslauer Gesellenaufstand, S. 10.

3 Aufbewahrung, S. 11.

4 Hansen, Quellen, 2. Bd., S. 459. Für Schlesien kommt der Referent des Zeitungsberichts der Regierung im Januar 1794 zu folgender Einschätzung: »... Sovieles ist gewiß, daß in denen Gemüthern des gemeinen Mannes eine große Unruhe herrscht, wodurch er durch die öffentlichen Revolutionsgerüchte veranlaßt worden, die ihm Reichthum, Erleichterung der Abgaben und Minderung seiner Lasten kurz, einen bessern Zustand vermuten laßen.« ZSM., Rep. 96. Tit. 249 C, Vol. II, Bl. 29f.

5 Zitiert nach: Ziekursch, Agrargeschichte, S. 229.

6 Zu dem »Bemühen der Jakobiner, mit ihren Gedichten breite Bevölkerungskreise und insbesondere die Unterschichten zu erreichen« (Stephan), siehe: I. Stephan, Literarischer Jakobinismus in Deutschland (1789–1806), Stuttgart 1976, S. 173ff. Die Jakobiner versuchten jedoch nicht, die Sprache der Unterschichten aufzunehmen, von einer grandiosen Ausnahme abgesehen, dem »Eipeldauer Lied« des Franz Hebenstreit, der als einer der wenigen unter den Jakobinern ein »Bündnis zwischen den Armen und Ausgebeuteten und der demokratischen Intelligenz« (Häusler) angestrebt hat. Zu einem Brückenschlag kam es jedoch nicht. Das »Eipeldauer Lied« in: Grab, Freyheit, S. 136f. Zur Rolle Hebenstreits: Häusler, Massenarmut, S. 43, dort auch das Zitat. Ein Beispiel für antikapitalistische Tendenzen in der Literatur der Jakobiner bietet der Aufruf eines unbekannten Solingers (September 1795) abgedruckt in: Haasis, Spuren, S. 648f. Trotz dieser gemeinsamen Basis läßt sich kein Einfluß eines Jakobiners auf die Aktionen des Solinger Hunterprotests vom 5. 12. 1795 feststellen.

7 Liebenroth, Fragmente, S. 146; J. Ziekursch, Agrargeschichte, S. 241, Anm. 1.

8 Liebenroth, Fragmente, S. 147.

9 GLA. Ka., Abt. 65, Nr. 11281, Bl. 49f.

10 Sta. Wr., Magistratsakten Nr. 1043, Bl. 199f.; Herzig/Sachs, Breslauer Gesellenaufstand, S. 172.

11 Zitiert nach Ziekursch, Agrargeschichte, S. 229.

12 Ebd.

13 S. L. Steinheim, Kindheitserinnerungen, in: H. J. Schoeps (Hg.), Salomon Ludwig Steinheim zum Gedenken. Ein Sammelband, Leiden 1966, S. 179–222, S. 218ff.

14 Eversmann, Lebensbeschreibung, S. 41; Fehrenbach, Ancien Régime, S. 147.

15 Soboul, Revolution, S. 15ff.; Petersen, Lebensmittelfrage, S. 30, 182, 196ff.

16 Herzig, Organisationsformen, S. 97; Grießinger/Reith, Ordnungskonzeptionen, S. 134ff.

17 Grab, Freyheit, S. 102ff.; ders., Volk, S. 319ff.

18 Darüber informieren eingehend die Berichte des Altonaer Präsidenten vom 14. 10. 1794 und vom 17. 10. 1794: LAS., Abt. 10, Nr. 322, ferner der Bericht des kaiserlichen Gesandten in Hamburg, Hoefer: H. u. Sta. Wien, Reichskanzlei, Berichte aus Hamburg (14. 10. 1794), Fasc. 22^b.

19 Fehrenbach, Ancien Régime, S. 32.

20 Petersen, Lebensmittelfrage, S. 201ff.

21 A. v. Knigge, Aus einer alten Kiste. Originalbriefe, Handschriften und Dokumente aus dem Nachlasse eines bekannten Mannes, Leipzig 1853 (Neudruck Meisenheim/Glan 1979), S. 125–129; H. u. Sta. Wien, Reichskanzlei, Berichte aus Hamburg (14. 10. 1794), Fasc. 22^b. Verständnisvoller als S. Reimarus Einschätzung der Altonaer Vorgänge ist der Bericht von F. W. v. Schütz über den Hungerprotest der Lübecker Soldaten 1796, in: Neuer Niedersächsischer Merkur, Altona 1797, S. 12–17.

22 Hamburgischer Briefträger, 1794, S. 745ff.

23 Zitiert nach Ziekursch, Agrargeschichte, S. 230ff.

24 In den Quellen zum Altonaer Aufstand ist keine genaue Zahl angegeben, sondern die Rede nur von der »Menge« des Pöbels; doch werden gegen diese »Menge Pöbel« 400 Mann Infanterie nach Altona gezogen. Zu den politischen Forderungen der zweiundzwanzig »plebejischen Jakobiner« in Altona gehörte u. a. die Abschaffung des Königs bzw. seine Bindung an einen Vertrag, ferner das Verbot des Lotteriespiels. Gegen alle Befürchtungen des Präsidenten v. Stemann hatte der »Pöbel« die Lotteriekasse jedoch völlig unbeachtet gelassen. Sein Protest richtete sich nur gegen Lanz. Die Flugblätter sind abgedruckt in: Grab, Freyheit, S. 103ff.

25 Gailus, Protestbewegungen, S. 82; Wirtz, Widersetzlichkeiten, S. 151; Langewiesche, Liberalismus, S. 86ff.

26 Tilly, Rebellious, S. 208ff.; Engelhardt, Unruhe, S. 231ff.; Kaschuba, Volkskultur, S. 162ff.; Bergmann, Soziallage, S. 288ff.; Schieder, Rolle, S. 329ff.

27 Langewiesche, Liberalismus, S. 90.

28 Bergmann, Soziallage, S. 300ff.; Schieder, Rolle, S. 326.

29 Bergmann, Soziallage, S. 294.

30 Schieder, Rolle, S. 326.

31 Langewiesche, Republik, S. 347; Koch, Agrarrevolution, S. 392.

32 Dipper, Bauernbefreiung, S. 166; Parisius, Vorzeit, S. 203f.

33 Koch, Agrarrevolution, S. 392f.; Mooser, Holzdiebstahl, S. 308. Eine Ausnahme bilden die schlesischen Landweber und die schleswig-holsteinischen Insten, die sich in den 1860er Jahren dem ADAV anschlossen.

1 Lassalle, Reden, 2. Bd., S. 831–882. Interessant das Konzept zu dieser Rede, das diesen Punkt weitgehend der Improvisation überließ. F. Lassalle, Nachgelassene Briefe und Schriften, Bd. VI, Stuttgart/Berlin 1925, S. 282 ff.; Na'aman, Lassalle, S. 721 ff.

2 Der Bericht der Weberdeputation in: Social-Demokrat 27 (26. 2. 1865); die Mitteilungen über das Assoziationsprojekt: ebd. 51 (28. 4. 1867); Bismarcks Kammerrede: O. v. Bismarck, Gesammelte Werke, Berlin 1924 ff., Bd. 10, S. 231 f.

3 Carl Wilhelm Tölckes Presseberichte zur Entwicklung der deutschen Sozialdemokratie 1848–1893. Quellen zur Geschichte der deutschen Arbeiterbewegung, bearbeitet v. A. Herzig, München 1976, S. 154 ff.; Social-Demokrat 27 (26. 2. 1865); ebd. 14 (1. 2. 1867).

4 Tölckes Presseberichte, S. 38, 113; Machtan/Ott, Batzebier, S. 135.

5 Mayer, Schweitzer, S. 414.

6 Zitiert nach: Na'aman, Lassalle, S. 685.

7 Herzig, Märkisch-westfälisches Industriegebiet, S. 278.

8 Zu den Protestaktionen bei Lauenstein: Social-Demokrat 106 (10. 9. 1869), 109 (17. 9. 1869); Reform (Hamburg) 144 (9. 9. 1869), 145 (11. 9. 1869). Zu Frankfurt: Machtan/Ott, Batzebier, S. 160.

9 Social-Demokrat 42 (2. 4. 1865).

10 Siehe dazu v. Schweitzers Leitartikel nach den Lauenstein-Ereignissen: Social-Demokrat 111 (22. 9. 1869).

11 So der Frankfurter ADAV-Bevollmächtigte und spätere Hamburger Reichstagsabgeordnete Karl Frohme. Neuer Social-Demokrat 110 (24. 9. 1873).

12 Ebd., 12 (29. 1. 1873).

13 Zitiert nach: Becker, Arbeiter-Agitation, S. 89.

14 Dazu grundsätzlich Na'aman, Lassalle, S. 332 ff. Lassalles Einschätzung des Bauernkrieges wird deutlich in der Sickingen-Debatte mit Marx und Engels (1858). Dazu: W. Hinderer (Hg.), Sickingen-Debatte. Ein Beitrag zur materialistischen Literaturtheorie, Darmstadt/Neuwied 1974, S. 53 ff., vor allem S. 78 ff. Der Brief an seinen Vater vom 12. 6. 1844 in: F. Lassalle, Nachgelassene Briefe und Schriften, Bd. 1, Stuttgart/Berlin 1921, S. 99 ff. Der Breslauer Unterschichtenprotest war am 6. und 7. 6. 1844 auf die Nachricht hin ausgebrochen, daß die Truppen, die in den Weberdistrikten die Ruhe und Ordnung herstellen sollten, durch Breslau kämen.

15 Audorf, Erlebnisse, Nr. 262 und 268 (7. u. 14. 11. 1886). Stephan Born, in: Das Volk. Organ des Centralkomités für Arbeiter. Eine socialpolitische Zeitung, herausgegeben von Stephan Born, Nr. 15 (6. 7. 1848).

16 Marx-Engels-Werke, Bd. 4, S. 472; Bd. 16, S. 398.

17 A. Herzig, Der Allgemeine Deutsche Arbeiter-Verein in der deutschen Sozialdemokratie. Dargestellt an der Biographie des Funktionärs Carl Wilhelm Tölcke (1817–1893), Berlin [West] 1979, S. 65 f.

18 Machtan/Ott, Batzebier, S. 161.

19 Social-Demokrat 109 (17. 9. 1869).

20 Social-Demokrat 63 (21. 5. 1865).

21 M. Grüttner, Unterklassenkriminalität und Arbeiterbewegung. Güterberaubungen im Hamburger Hafen 1888–1923, in: Reif (Hg.), Räuber, S. 153–184, S. 160.

22 Siehe dazu v. a. die Publikationen von L. Machtan/R. Ott und von M. Gailus.

Quellen und Literatur

I. Quellen

(a) Archivalien

Staatsarchive
Hauptstaatsarchiv Düsseldorf (HSta. Dssdf.)
– Reg. Aachen, Nr. 2483
Hauptstaatsarchiv Hamburg (HSta. Hbg.)
– Cl XI Spec. Lit M. Nr. 2, Fasc. 4, 5, 6
– Cl XI Spec. Lit S. Nr. 9, Fasc. 4
– Cl XI Spec. Lit Z. Nr. 1, Vol. 4
– Cl XI Gen. Nr. 1, Vol 14
General-Landesarchiv Karlsruhe (GLA. Ka.)
– Abt. 48, Nr. 4091, Nr. 4021
– Abt. 65, Nr. 11281
– Abt. 74, Nr. 6289
Landeshauptarchiv Koblenz (LHA. Ko.)
– Abt. 342.2, Nr. 977
Zentrales Staatsarchiv Merseburg (ZSM.)
– Gen. Dir. Mark, Tit. CLXXX Nr. 5
– Rep. 96 A, 128 E
Staatsarchiv Münster (Sta. Ms.)
– KDK XXI, 388
– Oberpräsidium Nr. 680, Nr. 39
– Kreis Iserlohn Nr. 256
Staatsarchiv Nürnberg (Sta. Nbg.)
– S II L 78 Nr. 4
– S II L 44 Nr. 8
Schleswig-Holsteinisches Landesarchiv Schleswig (LAS.)
– Abt. 65.2 – Nr. 337 II, – Nr. 4447 I, – Nr. 4447 II
– Abt. 10 – Nr. 322
Hof- und Staatsarchiv Wien (H. u. Sta. Wien)
– Mainzer Erzkanzlei-Archiv, Militaria, Fasc. 102 B (1789/91)
– Reichsarchiv, Reichskanzlei, Diplomatische Korrespondenz
Berichte aus Hamburg, Fasc. 22^b, Fasc. 23;
Berichte aus dem Reich, Fasc. 161, Fasc. 162, Fasc. 167, Fasc. 171

Staats- und Stadtarchiv Wroclaw (Sta. Wr.)
– Magistrat miasta Wrocławia, Nr. 1043
– Magistrat miasta Wrocławia, Nr. 1044
– Magistrat miasta Wrocławia, Nr. 1045
– Magistrat miasta Wrocławia, Nr. 1046
– Magistrat miasta Wrocławia, Nr. 1053
– Magistrat miasta Wrocławia, Nr. 1086
– Magistrat miasta Wrocławia, Nr. 1087
– Magistrat miasta Wrocławia, Nr. 1304
Kommunal-/Kreisarchive
Archiv des Märkischen Kreises Altena
– Archivbestand Rumpe, 7 Kästen
Stadtarchiv Frankfurt/M. (Stda. Frm.)
– Criminalia 1797, Nr. 38
– Criminalia 1798, Nr. 3
Stadtarchiv Iserlohn (Stda. Is.)
– G 1/1 – 217
Archiv der Stadt Lübeck (Stda. Lüb.)
– Bürgerschaft II 15.19
– Bürgerschaft II 113.12
– Bürgerschaft II 105.1
– Bürgerschaft II 119.1
– Bürgerschaft II 119.3
Archiv der Stadt Lübeck, z. Z. Archivdepot Barby/DDR (Stda. Lüb. Barby)
– Nr. 14085/3
– Nr. 1353
Kommunal Archiv Minden (Kom. A. Mi.)
– C 335
Stadtarchiv Nürnberg (Stda. Nbg.)
– Mandat vom 3. 4. 1795
– Mandat vom 11. 4. 1795
Stadtarchiv Rothenburg o. T. (Stda. Rothbg.)
– B 133: Ratsprotokolle 1795
– B 134: Ratsprotokolle 1796
– B 135: Ratsprotokolle 1797
Stadtarchiv Solingen (Stda. Sol.)
– Ratsprotokolle 10a
– Ratsprotokolle 11

(b) Gedruckte Quellen

Acta Borussica, Denkmäler der Preußischen Staatsverwaltung im 18. Jahrhundert, 4. Bd.: A. Skalweit, Die Getreidehandelspolitik und Kriegsmagazinverwaltung Preußens 1756–1806, Berlin 1931
Audorf, J., Erlebnisse eines alten Hamburgers, in: Bürgerzeitung, Nr. 226

(26.9.1886), 232 (3.10.1886), 238 (10.10.1886) 250 (24.10.1886), 256 (31.10.1886), 262 (7.11.1886), 268 (14.11.1886)

Becker, B., Geschichte der Arbeiter-Agitation Ferdiand Lassalles. Nach authentischen Aktenstücken. Braunschweig 1874 (Neudruck Berlin/Bonn 1978)

Büsch, J. G., Nachtrag über die Ursachen der zunehmenden Armuht in Hamburg, in: Hamburgische Adreß-Comtoir-Nachrichten 1785, S. 81–84, 89–93, 329–331, 337–340, 345–347.

Büsch, J. G., Schriften über das Armenwesen mit den nötigen Erläuterungen, in: Ders., Erfahrungen, 3. Bd., Hamburg 1792

Eggers, Reflectirende Aufbewahrung der am 29. October 1800 in Rostock ausgebrochenen zerstörenden Insurrection, 2. vermehrte Ausgabe, Rostock 1801

Eversmann, F. A. A., Lebensbeschreibung, Teil I, in: Altenaer Beiträge, Bd. 2, Altena 1966

Gans, S. P., Über die Verarmung der Städte und des Landmanns besonders im Königreich Hannover, Braunschweig 1831

Garve, C., Ueber den Charakter der Bauern und ihr Verhältniß gegen die Gutsherren und gegen die Regierung, Breslau 1796, in: K. Wölfel (Hg.), C. Garve, Popularphilosophische Schriften, 2. Bd., Stuttgart 1974, S. [799] – [1026]

Gesellschaftsspiegel. Organ zur Vertretung der besitzlosen Volksklassen und zur Beleuchtung der gesellschaftlichen Zustände der Gegenwart, 1. Bd., Elberfeld 1845

Günther, J. A., Versuch einer vollständigen Untersuchung über Wucher und Wuchergesetze (und über die Mittel, dem Wucher durch Strafgesetze Einhalt zu tun; in politischer, justizmäßiger und mercantilistischer Rücksicht), Bd. 1, Hamburg 1790

[*Günther, J. A.*], Ueber den Aufstand der Handwerksgesellen zu Hamburg im August 1791, nebst einigen Reflexionen über Zunftgeist und Zunfterziehung. Aus dem Journal von und für Deutschland, Frankfurt und Leipzig 1792

Hansen, J. (Hg.), Quellen zur Geschichte des Rheinlandes im Zeitalter der Französischen Revolution 1780–1801, 1. Bd. (1780–1791), Bonn 1931; 2. Bd. (1792 und 1793), Bonn 1933

Harkort, F., Bemerkungen über die Hindernisse der Civilisation und Emancipation der unteren Klassen, Elberfeld 1844

Harkort, F., Arbeiter-Spiegel, Hagen 1877

v. Justi, J. H. G., Die Grundfeste zu der Macht und Glückseligkeit der Staaten oder ausführliche Vorstellung der gesamten Polizeiwissenschaft, Bd. 1, Königsberg u. Leipzig 1760, Bd. 2, Königsberg u. Leipzig 1761 (Neudruck Aalen 1965)

Kant, I., Anthropologie in pragmatischer Hinsicht abgefaßt, in: Ders., Werke, Bd. VIII, hg. v. O. Schöndörffer, Berlin 1922, S. 1–228

Klose, J. G., Aufzeichnungen (1794), in: A. Herzig/R. Sachs, Der Breslauer Gesellenaufstand von 1793. Die Aufzeichnungen des Schneidermeisters Johann Gottlieb Klose. Darstellung und Dokumentation, Göttingen 1987

Lassalle, F., Reden und Schriften, hsg. v. E. Bernstein, 3 Bde., London 1893

Lawätz, F. O. V., Gedanken über den Zustand der Häuerinsten im Kirchspiel Kaltenkirchen, die Ursachen der von ihnen geäusserten Unzufriedenheit und die Mittel ihnen abzuhelfen, in: Schleswig-Holsteinsche Provinzial-Berichte, 9. Jg. (1795), S. 63–92

v. Liebenroth, F. E., Fragmente aus meinem Tagebuch, insbesondere die Sächsischen Bauernunruhen betreffend, Dresden u. Leipzig 1791

Mettlerkamp, D. C., Über Hamburgs Verteidigung im Frühjahr 1813. Des Herrn von Hess »Agonien der Republik Hamburg« entgegengesetzt, Hamburg 1816

[*Mittag, J. H. A.*], Etwas über die in Rostock wegen Theurung der Lebensmittel entstandenen Unruhen und einige Vorschläge um für die Zukunft dagegen gesichert zu seyn, Neubrandenburg 1800

Möglichst specielles und richtiges Tagebuch von dem, was in den unruhigen Tagen in Hamburg im Monat August 1791 bey dem Aufstande der Handwerksgesellen Tag vor Tag vorgieng, Hamburg 1791

Müller, F. C., Choragraphie von Schwelm. Anfang und Versuch einer Topographie der Grafschaft Mark 1789, Neudruck Gevelsberg 1980

Patent wegen der in Schlesien ausgebrochenen Unruhen, d. d. Bodenheim den 20. May 1793, (Grass) Breslau 1793

Roscher, W., Über Kornhandel und Teuerungspolitik, Stuttgart 1852

Sass, F., Geschichte des Hamburger Brandes mit Wünschen für das neue Hamburg, Leipzig 1842

Schlechte, H. (Hg.), Die allgemeine Deutsche Arbeiterverbrüderung 1848–1850. Dokumente des Zentralkomitees für die deutschen Arbeiter in Leipzig, Weimar 1979

Schneer, A., Über die Noth der Leinen-Arbeiter in Schlesien und die Mittel ihr abzuhelfen, Berlin 1844

Schwager, J. M., Über den Ravensbergischen Bauern, in: Weddingen, Westphälisches Magazin, Jg. 1786, S. 45ff.

Über das Aufstehen der Handwerksgesellen, Hamburg 1795

Ueber die unruhigen Bewegungen, welche im Herbste dieses Jahres in verschiedenen Gegenden des Landes statt gehabt haben, und die besten Mittel für die Zukunft ähnliche Auftritte in Mecklenburg zu verhüten, Rostock 1801

Wahrscheinliche Ursache der geäusserten Volksunruhen in dem Kirchspiel Kaltenkirchen, und unvorgreiflicher Vorschlag, diese tiefliegende Ursache zu heben, in: Schleswig-Holsteinische Provinzial-Blätter 1 (1795), S. 279–290

Venedey, J., Darstellung der Verhandlungen vor den Assisen zu Köln über die Theilnehmer des am 30. August 1830 in Aachen stattgehabten Aufruhrs, enthaltend den Anklageakt, das Zeugenverhör, die Rechtfertigung der Anklage, die Vertheidigung, das Resume und das Urtheil, nebst Schlußbemerkungen, Köln 1831

Wolff, F. W., Das Elend und der Aufruhr in Schlesien, in: Deutsches Bürgerbuch für das Jahr 1845, hsg. v. H. Püttmann, Darmstadt 1845 (Neudruck Köln 1975)

Zoch, J. F., Über die neulichen Unruhen zu Rostock in vorzüglicher Beziehung auf das obrigkeitliche und bürgerliche Verhältniß, Rostock 1800

(c) Zeitgenössische Presse der 1790er Jahre

Altonaer Merkur, Jg. 1791/1792/1793/1794/1795
Hamburgischer Briefträger, Jg. 1791/1792/1793/1794/1795/1796/1797/1798/1799/1800
Journal von und für Deutschland, Jg. 1789/1790/1791/1792
National-Zeitung der Teutschen, Jg. 1796/1797/1798/1799/1800
Politisches Journal nebst Anzeige von gelehrten und andern Sachen, Jg. 1795/1796/1797/1798/1799/1800
Schlesische Provinzialblätter, Jg. 1789/1790/1791/1792/1793/1794/1795/1796/1797
Staats-Anzeiger, Jg. 1790/1791

II. Literatur

Abel, W., Massenarmut und Hungerkrisen im vorindustriellen Europa. Versuch einer Synopsis, Hamburg/Berlin 1974

Achilles, W., Die Auswirkungen der Getreidepreissteigerungen gegen Ende des 18. Jahrhunderts auf das Realeinkommen von Erzeugern und Verbrauchern. Dargestellt an Beispielen aus dem Raum Hildesheim, in: Wirtschaftliche und soziale Strukturen im säkularen Wandel. Fschr. f. W. Abel zum 70. Geburtstag, Bd. I, Hannover 1974, S. 112–130

Baumann, A., »Armut muß verächtlich bleiben...«. Verwaltete Armut und Lebenssituation verarmter Unterschichten um 1800 in Bayern, in: R. van Dülmen (Hg.), Kultur, S. 151–179

Berdahl, R. M. u. a., Klassen und Kultur. Sozialanthropologische Perspektiven in der Geschichtsschreibung, Frankfurt 1982

Bergmann, J., Die Revolution von 1848 als Modernisierungskrise. Zur Vorgeschichte der Revolution aus modernisierungstheoretischer Sicht, in: J. Bergmann u. a., Arbeit, Mobilität, Partizipation, Protest. Gesellschaftlicher Wandel in Deutschland im 19. und 20. Jahrhundert, Opladen 1986, S. 13–35

Bergmann, J., Soziallage, Selbstverständnis und Aktionsformen der Arbeiter in der Revolution von 1848, in: H. Volkmann/J. Bergmann (Hg.), Protest, S. 283–303.

Beyer, H., Niederdeutsche Kirchenkämpfe im ausgehenden 18. Jahrhundert, in: Jahrbuch der Gesellschaft f. die niedersächsische Kirchengeschichte 53 (1955), S. 104–126

Beyer, H., Gedanken zu einer Gesinnungsgeschichte des Landvolkes 1780–1830, in: Die Heimat 63 (1956), S. 229–234

Beyer, H., Mittelholstein im Jahrzehnt nach der französischen Revolution, in: Heimatkundl. Jahrbuch f. d. Kreis Segeberg 3 (1957), S. 121–141

Biedermann, K., Deutschland im 18. Jahrhundert, Bd. 1, Leipzig 1880 (Neudruck Aalen 1969)

Blaich, F., Die wirtschaftspolitische Tätigkeit der Kommission zur Bekämpfung der Hungersnot in Böhmen und Mähren (1771–1772), in: VSWG 56 (1969), S. 299–331

Blasius, D., Lorenz von Steins Lehre vom Königtum der sozialen Reform und ihre verfassungspolitischen Grundlagen, in: Der Staat 10 (1971), S. 33–51

Blasius, D., Bürgerliche Gesellschaft und Kriminalität. Zur Sozialgeschichte Preußens im Vormärz, Göttingen 1976

Blasius, D., Kriminalität und Alltag. Zur Konfliktgeschichte des Alltagslebens im 19. Jahrhundert, Göttingen 1978

Blasius, D./Pankoke, E., Lorenz von Stein. Geschichts- und gesellschaftswissenschaftliche Perspektiven, Darmstadt 1977

Bleiber, H., Zum Anteil der Landarbeiter an den Bewegungen der Dorfbevölkerung in der deutschen Revolution 1848/49, in: Jahrbuch f. Wirtschaftsgeschichte 1975, S. 65–81

Blessing, W. K., »Theuerungsexcesse« im vorrevolutionären Kontext. Getreidetumult und Bierkrawall im späten Vormärz, in: W. Conze/U. Engelhardt (Hg.), Arbeiterexistenz, S. 356–384

Blessing, W. K., Fest und Vergnügen der ›kleinen Leute‹. Wandlungen vom 18. bis zum 20. Jahrhundert, in: R. van Dülmen/N. Schindler (Hg.) Volkskultur, S. 352–379

Blickle, P. (Hg.), Aufruhr und Empörung? Studien zum bäuerlichen Widerstand im Alten Reich, München 1980

Boch, R./Krause, M., Historisches Lesebuch zur Geschichte der Arbeiterschaft im Bergischen Land, Köln 1983

Bourdieu, P./Passeron, J.-C., Grundlagen einer Theorie der symbolischen Gewalt, Frankfurt 1973

Braun, R., Das ausgehende Ancien Régime in der Schweiz. Aufriß einer Sozial- und Wirtschaftsgeschichte des 18. Jahrhunderts, Göttingen/Zürich 1984

Brehmer, W., Die Soldatenunruhen im Jahr 1796, in: Zeitschr. d. Vereins für Lübeckische Gesch. u. Altertumskunde 4 (1884), S. 98–109

Büttner, W., Der Weberaufstand in Schlesien 1844, in: H. Reinalter (Hg.), Protestbewegungen, S. 202–229

Bushaway, R. W., Ceremony, custom and ritual: some observations on social conflict in the rural community 1750–1850, in: W. Minchinton (Hg.), Reactions in Social and Economic Change, 1750–1939, Exeter 1979

Conze, W., Vom »Pöbel« zum »Proletariat«. Sozialgeschichtliche Voraussetzungen für den Sozialismus in Deutschland, in: VSWG 41 (1954), S. 333–364

Conze, W., Proletariat, Pöbel, Pauperismus, in: Geschichtliche Grundbegriffe. Historisches Lexikon zur politisch-sozialen Sprache in Deutschland. Hg. v. O. Brunner, W. Conze, R. Koselleck. Bd. 5, Stuttgart 1984, S. 27–68

Conze, W./Engelhardt, U. (Hg.), Arbeiterexistenz im 19. Jahrhundert. Lebensstandard und Lebensgestaltung deutscher Arbeiter und Handwerker, Stuttgart 1981

Czok, K., Zu den städtischen Volksbewegungen in deutschen Territorialstaaten, in: W. Rauch (Hg.), Die Städte Mitteleuropas im 17. und 18. Jahrhundert, Linz/Donau 1981, S. 21–42

Dipper, C., Die Bauernbefreiung in Deutschland 1790–1850, Stuttgart 1980
Dipper, C., Volksreligiosität und Obrigkeit im 18. Jahrhundert, in: W. Schieder (Hg.), Volksreligiosität, S. 73–96
Dowe, D., Aktion und Organisation. Arbeiterbewegung, sozialistische und kommunistische Bewegung in der preußischen Rheinprovinz 1820–1852, Hannover 1970
Dowe, D., Methodologische Überlegungen zum Problem des Hungers in Deutschland in der ersten Hälfte des 19. Jahrhunderts, in: W. Conze/U. Engelhardt (Hg.), Arbeiterexistenz im 19. Jahrhundert. Lebensstandard und Lebensgestaltung deutscher Arbeiter und Handwerker, Stuttgart 1981, S. 202–234
van Dülmen, R. (Hg.), Kultur der einfachen Leute. Bayerisches Volksleben vom 16. bis zum 19. Jahrhundert, München 1983
van Dülmen, R./Schindler, N. (Hg.), Volkskultur. Zur Wiederentdeckung des vergessenen Alltags (16.–20. Jahrhundert), Frankfurt/M. 1984
Düwell, K., Die Unruhen der Aachener Textilarbeiter 1830, in: K. Düwell/W. Köllmann (Hg.), Rheinland-Westfalen, Bd. 1, S. 114–125
Düwell, K./Köllmann, W. (Hg.), Rheinland-Westfalen im Industriezeitalter
Bd. 1: Von der Entstehung der Provinzen bis zur Reichsgründung, Wuppertal 1983
Bd. 2: Von der Reichsgründung bis zur Weimarer Republik, Wuppertal 1984
Eggers, P., Das Konfliktverhalten der Hamburger Schiffszimmerer von 1710 bis 1850, MA-Arbeit (Ms.), Konstanz 1984
Elkar, R. S. (Hg.), Deutsches Handwerk in Spätmittelalter und Früher Neuzeit. Sozialgeschichte – Volkskunde – Literaturgeschichte, Göttingen 1983
Engelhardt, U. (Hg.), Handwerker in der Industrialisierung. Lage, Kultur und Politik vom späten 18. bis ins frühe 20. Jahrhundert, Stuttgart 1984
Engelhardt, U., Von der »Unruhe« zum »Strike«. Hauptzielsetzungen und -erscheinungsformen des sozialen Protests beim Übergang zur organisierten Gewerkschaftsbewegung 1848/49 – 1869/70, in: H. Volkmann/J. Bergmann (Hg.), Sozialer Protest, S. 228–252
Fehrenbach, E., Vom Ancien Régime zum Wiener Kongreß, München/Wien 1981
Fenske, H., Politischer und sozialer Protest in Süddeutschland nach 1830 in: H. Reinalter (Hg.), Protestbewegungen, S. 143–201
Fischer, W., Wirtschaft und Gesellschaft im Zeitalter der Industrialisierung. Aufsätze – Studien – Vorträge, Göttingen 1972
Fischer, W., Armut in der Geschichte. Erscheinungsformen und Lösungsversuche der »Sozialen Frage« in Europa seit dem Mittelalter, Göttingen 1982
Flemming, J., Die vergessene Klasse: Landarbeiter in Deutschland, in: K. Tenfelde (Hg.), Arbeiter und Arbeiterbewegung im Vergleich. Berichte zur internationalen historischen Forschung, München 1986, S. 389–418.
François, E., Koblenz im 18. Jahrhundert. Zur Sozial- und Bevölkerungsstruktur einer deutschen Residenzstadt, Göttingen 1982
Gailus, M. (Hg.), Pöbelexzesse und Volkstumulte in Berlin. Zur Sozialgeschichte der Straße (1830–1980), Berlin [West] 1984

Gailus, M., Soziale Protestbewegungen in Deutschland 1847–1849, in: H. Volkmann/J. Bergmann (Hg.), Sozialer Protest, S. 76–106
Garber, J., Freiheit ohne Eigentum? Deutsche Solidarrechtstheorien im Einflußfeld der Französischen Revolution, in: J. Garber/H. Schmitt (Hg.), Die bürgerliche Gesellschaft zwischen Demokratie und Diktatur. Festschrift zum 65. Geburtstag von Prof. Dr. Walter Grab, Marburg 1985, S. 15–62
Geiling, H., Die moralische Ökonomie des frühen Proletariats. Die Entstehung der Hannoverschen Arbeiterbewegung aus den arbeitenden und armen Volksklassen bis 1875, Frankfurt 1985
Gerteis, K., Frühneuzeitliche Stadtrevolten im sozialen und institutionellen Bedingungsrahmen, in: W. Rauch (Hg.), Die Städte Mitteleuropas im 17. und 18. Jahrhundert, Linz/Donau 1981, S. 43–58
Giesselmann, W., Protest als Gegenstand sozialgeschichtlicher Forschung, in: W. Schieder/V. Sellin (Hg.), Sozialgeschichte in Deutschland. Entwicklungen und Perspektiven im internationalen Zusammenhang, Bd. III: Soziales Verhalten und soziale Aktionsformen in der Geschichte, Göttingen 1987, S. 50–77
Göttsch, S., Hungerunruhen. Veränderungen im traditionellen Protestverhalten, in: Zeitschrift für Volkskunde 80 (1984), S. 170–181
Göttsch, S., »... weil all hier in Flensburg kein Getrayde fürs Geld zu bekommen war ...«, in: Grenzfriedenshefte 3/4 (1984), S. 205–214
Grab, W., Demokratische Strömungen in Hamburg und Schleswig-Holstein zur Zeit der ersten Französischen Republik, Hamburg 1966
Grab, W., Freyheit oder Mordt und Todt. Revolutionsaufrufe deutscher Jakobiner, Berlin [West] 1979
Grab, W., Ein Volk muß seine Freiheit selbst erobern. Zur Geschichte der deutschen Jakobiner, Frankfurt/Olten/Wien 1984
Grießinger, A., Das symbolische Kapital der Ehre. Streikbewegungen und kollektives Bewußtsein deutscher Handwerksgesellen im 18. Jahrhundert, Frankfurt/Berlin/Wien 1981
Grießinger, A., Handwerkerstreiks in Deutschland während des 18. Jahrhunderts. Begriff – Organisationsformen – Ursachenkonstellationen, in: U. Engelhardt (Hg.), Handwerker, S. 407–434
Grießinger, A./Reith, R., Obrigkeitliche Ordnungskonzeptionen und handwerkliches Konfliktverhalten im 18. Jahrhundert. Nürnberg und Würzburg im Vergleich. in: R. Elkar (Hg.), Deutsches Handwerk, S. 117–180
Groh, D., Vorläufige Überlegungen zur Formierung der deutschen Arbeiterklasse, in: Ders. (Hg.), Arbeitspapiere der Projektgruppe ›Basisprozesse und Organisationsprobleme‹, Nr. 21, Konstanz 1979
Gurr, T. R., Rogues, Rebels and Reformers. A Political History of Urban Crime and Conflict, Beverly Hills/London 1976
Gusfield, J. R. (Hg.), Protest, Reform and Revolt. A Reader in Social Movements, New York/London 1970
Haasis, H. G., Spuren der Besiegten. Bd. 2: Von den Erhebungen gegen den Absolutismus bis zu den republikanischen Freischärlern 1848/49, Reinbek 1984
Habermas, J., Strukturwandel der Öffentlichkeit, Neuwied/Berlin 1971

Harnisch, H., Kapitalistische Agrarreform und Industrielle Revolution. Agrarhistorische Untersuchungen über das ostelbische Preußen zwischen Spätfeudalismus und bürgerlich-demokratischer Revolution vor 1848/49 unter besonderer Berücksichtigung der Provinz Brandenburg, Weimar 1984

Häusler, W., Von der Massenarmut zur Arbeiterbewegung. Demokratie und Soziale Frage in der Wiener Revolution von 1848, Wien/München 1979

Häusler, W., Von der Manufaktur zum Maschinensturm. Industrielle Dynamik und sozialer Wandel im Raum von Wien, in: R. Banik-Schweitzer u. a., Wien im Vormärz, Wien 1980, S. 32–56

Häusler, W., Soziale Protestbewegungen in der bürgerlich-demokratischen Revolution der Habsburgermonarchie 1848, in: H. Reinalter (Hg.), Protestbewegungen, S. 327–359

Hauptmeyer, C.-H., Die Bauernunruhen in Schaumburg-Lippe 1784–1793. Landesherr und Bauern am Ende des 18. Jahrhunderts, in: Niedersächsisches Jahrbuch für Landesgeschichte 49 (1977), S. 149–207

Hauptmeyer, C.-H., Bäuerlicher Widerstand in der Grafschaft Schaumburg-Lippe, im Fürstentum Calenberg und im Hochstift Hildesheim. Zur Frage der qualitativen Veränderung bäuerlicher Opposition am Ende des 18. Jahrhunderts, in: W. Schulze (Hg.), Aufstände, S. 217–285

Henkel, M./Taubert, R., Maschinenstürmer. Ein Kapitel aus der Sozialgeschichte des technischen Fortschritts, Frankfurt 1979

Henning, F.-W., Dienst und Abgaben der Bauern im 18. Jahrhundert, Stuttgart 1969

Herrmann, J./Sellnow, J. (Hg.), Die Rolle der Volksmassen in der Geschichte der vorkapitalistischen Gesellschaftsformationen, Berlin [Ost] 1975

Hertner, P., Die Hungerkrise von 1816/17 in Oberhessen. Obrigkeitliche Krisenpolitik zwischen Ancien Régime und Industrialisierung, in: Bericht über die 35. Versammlung deutscher Historiker in Berlin, 3.–7. Oktober 1984, Stuttgart 1985, S. 135f.

Herzig, A., Organisationsformen und Bewußtseinsprozesse Hamburger Handwerker und Arbeiter in der Zeit 1790–1848, in: A. Herzig/D. Langewiesche/A. Sywottek (Hg.) Arbeiter, S. 95–108

Herzig, A., Sozialer Protest in Schwelm. Zum Verhalten der Unterschichten im Hungerjahr 1795, in: Beiträge zur Heimatkunde der Stadt Schwelm und ihrer Umgebung 33 (1983), S. 10–24

Herzig, A., Kinderarbeit in Deutschland in Manufaktur und Protofabrik (1750–1850), in: Arch. f. Sozialgeschichte 23 (1983), S. 311–375

Herzig, A., Kontinuität und Wandel der politischen und sozialen Vorstellungen Hamburger Handwerker 1790–1870, in: U. Engelhardt (Hg.), Handwerker, S. 294–319

Herzig, A., Vom sozialen Protest zur Arbeiterbewegung. Das Beispiel des märkisch-westfälischen Industriegebietes (1780–1865), in: H. Volkmann/J. Bergmann (Hg.) Sozialer Protest, S. 253–280

Herzig, A./Langewiesche, D./Sywottek, A. (Hg.), Arbeiter in Hamburg. Unterschichten, Arbeiter und Arbeiterbewegung seit dem ausgehenden 18. Jahrhundert, Hamburg 1983

Herzig, A./Sachs, R., Der Breslauer Gesellenaufstand von 1793. Die Aufzeichnungen des Schneidermeisters Johann Gottlieb Klose. Darstellung und Dokumentation, Göttingen 1987.

Hobsbawm, E. J., The Machine Breakers, in: Labouring Men. Studies in History of Labour, London 1974, S. 5–22

Honegger, C./Heintz, B., Listen der Ohnmacht. Zur Sozialgeschichte weiblicher Widerstandsformen, Frankfurt 1984

Husung, H.-G., Protest und Repression im Vormärz. Norddeutschland zwischen Restauration und Revolution, Göttingen 1983

Husung, H.-G., Neuere Tendenzen in der Protestforschung, in: D. Zunker (Hg.), Franzosenzeit (1983), S. 6–14

Husung, H.-G., Zu einigen Problemen der historischen Protestforschung am Beispiel gemeinschaftlichen Protests in Norddeutschland 1815–1847, in: H. Volkmann/J. Bergmann (Hg.), Sozialer Protest, S. 21–35

Jantke, C./Hilger, D. (Hg.), Die Eigentumslosen. Der deutsche Pauperismus und die Emanzipationskrise in Darstellungen und Deutungen der zeitgenössischen Literatur, Freiburg/München 1965

Jones, D., Before Rebecca. Popular Protest in Wales 1793–1835, London 1973

Kaschuba, W., Volkskultur zwischen feudaler und bürgerlicher Gesellschaft. Zur Geschichte eines Begriffs und seiner gesellschaftlichen Wirklichkeit, Frankfurt/New York 1988

Kaufhold, K. H., Das Gewerbe in Preußen um 1800, Göttingen 1978

Klima, A., Die Arbeiterunruhen in Böhmen 1844, in: H. Reinalter (Hg.), Protestbewegungen, S. 230–264

Klocke, J., Wirtschaftliche Entwicklung und Soziale Lage der Unterschichten in Ostwestfalen von 1830 bis 1850, Phil. Diss. Bochum 1972

Koch, R., Die Agrarrevolution in Deutschland 1848, in: D. Langewiesche (Hg.), Revolution, S. 362–394

Kocka, J., Lohnarbeit und Klassenbildung. Arbeiter und Arbeiterbewegung in Deutschland, Berlin/Bonn 1983

Koselleck, R., Preußen zwischen Reform und Revolution. Allgemeines Landrecht, Verwaltung und soziale Bewegung von 1791 bis 1848, Stuttgart 1975

Kramer, K.-S./Wilkens, U., Volksleben in einem holsteinischen Gutsbezirk. Eine Untersuchung aufgrund archivalischer Quellen, Neumünster 1979

Kraus, A., Die Unterschichten Hamburgs in der ersten Hälfte des 19. Jahrhunderts. Entstehung, Struktur und Lebensverhältnisse. Eine historisch-statistische Untersuchung, Stuttgart 1965

Kriedte, P./Medick, H./Schlumbohm, J., Industrialisierung vor der Industrialisierung. Gewerbliche Warenproduktion auf dem Land in der Formationsperiode des Kapitalismus, Göttingen 1978

Kroneberg, L./Schloesser, R., Weber-Revolte 1844. Der schlesische Weberaufstand im Spiegel der zeitgenössischen Publizistik und Literatur, Köln 1979

Krüger, H., Zur Geschichte der Manufakturen und der Manufakturarbeiter in Preussen. Die mittleren Provinzen in der zweiten Hälfte des 18. Jahrhunderts, Berlin [Ost] 1958

Langewiesche, D., Liberalismus und Demokratie in Württemberg zwischen Revolution und Reichsgründung, Düsseldorf 1974

Langewiesche, D. (Hg.), Das Tagebuch Julius Hölders 1877–1880. Zum Zerfall des politischen Liberalismus in Württemberg und im Deutschen Reich, Stuttgart 1977

Langewiesche, D. (Hg.), Die Deutsche Revolution von 1848/49, Darmstadt 1983

Langewiesche, D., Republik, Konstitutionelle Monarchie und »soziale Frage«. Grundprobleme der deutschen Revolution 1848/49, in: D. Langewiesche (Hg.), Revolution, S. 341–361

Langewiesche, D., Europa zwischen Restauration und Revolution 1815–1849, München 1985

Langewiesche, D./Schönhoven, K. (Hg.), Arbeiter in Deutschland, Studien zur Lebensweise der Arbeiterschaft im Zeitalter der Industrialisierung. Paderborn 1981

Lehmann, H., Der politische Widerstand gegen die Einführung des neuen Gesangbuchs von 1791 in Württemberg. Ein Beitrag zum Verhältnis von Kirchen- und Sozialgeschichte, in: Blätter für württembergische Kirchengeschichte 66/67 (1966/67), S. 247–263

Lison, R., Gesellenboykott, Maschinensturm, Arbeitskampf. Vom Ursprung des Streiks zur ersten Streikdebatte, Frankfurt/New York 1984

Löwe, H.-D., Teuerungsrevolten, Theuerungspolitik und Marktregulierung im 18. Jahrhundert in England, Frankreich und Deutschland, in: Saeculum 37 (1986), S. 291–312

Lottes, G., Politische Aufklärung und plebejisches Publikum. Zur Theorie und Praxis des englischen Radikalismus im späten 18. Jahrhundert, München/Wien 1979

Lüdtke, A., »Gemeinwohl«, Polizei und »Festungspraxis«. Staatliche Gewaltsamkeit und innere Verwaltung in Preußen, 1815–1850, Göttingen 1982

Machtan, L./Ott, R., »Batzebier!« Überlegungen zur sozialen Protestbewegung in den Jahren nach der Reichsgründung am Beispiel der süddeutschen Bierkrawalle vom Frühjahr 1873, in: H. Volkmann/J. Bergmann (Hg.), Sozialer Protest, S. 128–166

Marzahn, C., Das Zucht- und Arbeitshaus. Die Kerninstitution frühbürgerlicher Sozialpolitik, in: C. Marzahn/H.-G. Ritz (Hg.), Zähmen und Bewahren. Die Anfänge bürgerlicher Sozialpolitik, Bielefeld 1984, S. 7–68

Mattmüller, M., Hunger in der Alten Eidgenossenschaft, mit spezieller Berücksichtigung der Hungersnöte von 1688/94 und 1770/72, in: Bericht über die 35. Versammlung deutscher Historiker in Berlin, 3.–7. Oktober 1984, Stuttgart 1985, S. 137f.

Mayer, G., Johann Baptist von Schweitzer und die Sozialdemokratie. Ein Beitrag zur Geschichte der deutschen Arbeiterbewegung, Jena 1909

Medick, H., Plebejische Kultur, plebejische Öffentlichkeit, plebejische Ökonomie. Über Erfahrungen und Verhaltensweisen Besitzarmer und Besitzloser in der Übergangsphase zum Kapitalismus, in: R. Berdahl u. a., Perspektiven, S. 157–204

Medick, H., Teuerung, Teuerungspolitik und Hunger in Württemberg 1816 und 1817, in: Bericht über die 35. Versammlung deutscher Historiker in Berlin, 3.–7. Oktober 1984, Stuttgart 1985, S. 138–140

Merx, O., Der Aufstand der Handwerksgesellen auf der Gartlage bei Osnabrück am 13. Juli 1801, in: Mitt. des Ver. f. Gesch. u. Ldk. von Osnabrück 26 (1901), S. 168–276

Mooser, J., ›Furcht bewahrt das Holz‹. Holzdiebstahl und sozialer Konflikt in der ländlichen Gesellschaft 1800–1850 an westfälischen Beispielen, in: H. Reif (Hg.), Räuber, S. 43–99

Mooser, J., Ländliche Klassengesellschaft 1770–1848. Bauern und Unterschichten, Landwirte und Gewerbe im östlichen Westfalen, Göttingen 1984

Na'aman, S., Lassalle, Hannover 1970

Obermann, K., Die Volksbewegung in Deutschland von 1844 bis 1846, in: Zeitschr. f. Geschichtswissenschaft 5 (1957), S. 503–525

Parisius, B., »Daß die liebe alte Vorzeit wo möglich wieder hergestellt werde«. Politische und sozialkulturelle Reaktionen von oldenburgischen Landarbeitern auf ihren sozialen Abstieg 1800–1848, in: H. Volkmann/J. Bergmann (Hg.), Sozialer Protest, S. 198–211

Perrot, M., Rebellische Weiber. Die Frau in der französischen Stadt des 19. Jahrhunderts, in: C. Honegger/B. Heintz (Hg.), Listen, S. 71–98

Petersen, S., Lebensmittelfrage und revolutionäre Politik in Paris 1792–1793. Studien zum Verhältnis von revolutionärer Bourgeoisie und Volksbewegung bei Herausbildung der Jakobinerdiktatur, München/Wien 1979

Peuckert, W. E./Fuchs, E., Die schlesischen Weber, Darmstadt 1971

Philippson, M., Geschichte des preußischen Staatswesens vom Tode Friedrich des Großen bis zu den Freiheitskriegen, 2. Bd., Leipzig 1882

Post, J. D., The Last Great Subsistence Crisis in the Western World, Baltimore/London 1977

Puls, D. (Hg.), Wahrnehmungsformen und Protestverhalten. Studien zur Lage der Unterschichten im 18. und 19. Jahrhundert, Frankfurt 1979

Regling, H. V., Die Anfänge des Sozialismus in Schleswig-Holstein, Neumünster 1965

Reif, H. (Hg.), Räuber, Volk und Obrigkeit. Studien zur Geschichte der Kriminalität in Deutschland seit dem 18. Jahrhundert, Frankfurt 1984

Reinalter, H. (Hg.), Demokratische und soziale Protestbewegungen in Mitteleuropa 1815–1848/49, Frankfurt 1986

Reis, K., Agrarfrage und Agrarbewegung in Schlesien im Jahre 1848, Breslau 1910

Rösen, H., Der Aufstand der Krefelder »Seidenfabrikarbeiter« 1828 und die Bildung einer »Sicherheitswache«. Eine Dokumentation, in: Die Heimat. Ztschr. f. niederrhein. Heimatpflege 36 (1965), S. 32–61

Rosenthal, H., Aufruhr in Solingen 1795, in: Anker und Schwert. Aus Vergangenheit und Gegenwart der Stadt Solingen 1 (1959), S. 149–162

Rudé, G., Die Volksmassen in der Geschichte. England und Frankreich 1730–1848, Frankfurt/New York 1977

Rüdel, H., Landarbeiter und Sozialdemokratie in Ostholstein 1872 bis 1878. Erfolg und Niederlage der sozialistischen Arbeiterbewegung in einem großagrarischen Wahlkreis zwischen Reichsgründung und Sozialistengesetz, Neumünster 1986

Rupieper, H. J., Die Sozialstruktur der Trägerschichten der Revolution

1848/49 am Beispiel Sachsen, in: H. Kaelble u. a. (Hg.), Probleme der Modernisierung in Deutschland, Opladen 1978
Rürup, R., Emanzipation und Antisemitismus. Studien zur »Judenfrage« der bürgerlichen Gesellschaft, Göttingen 1975. Taschenbuchausgabe: Frankfurt 1987
Saalfeld, D., Die Bedeutung des Getreides für die Haushaltsangaben städtischer Verbraucher in der 2. Hälfte des 18. Jahrhunderts in Landwirtschaft und ländlicher Gesellschaft, in: Geschichte und Gegenwart. Festschrift W. Abel, Hannover 1964, S. 26–38
Sachße, C./Tennstedt, F. (Hg.), Bettler, Gauner und Proleten, Armut und Armenfürsorge in der deutschen Geschichte. Ein Bild-Lesebuch, Reinbek 1983
Sauer, W., Schuster, bleib bei deinem Leisten ... Politische und weltanschauliche Entwicklungen unter Wiener Handwerkern am Beispiel der Affäre des Jahres 1794, in: U. Engelhardt (Hg.), Handwerker, S. 435–457
Saurer, E., Materielle Kultur und Sozialer Protest in der Lombardei, Venetien, Niederösterreich und Böhmen zwischen Vormärz und Neoabsolutismus, Habil-Schrift [Ms] Wien 1983
Schaer, F.-W., Die ländlichen Unterschichten zwischen Weser und Ems vor der Industrialisierung – ein Forschungsproblem, in: Niedersächs. Jahrbuch f. Landesgesch. 50 (1978), S. 45–69
Scheel, H., Süddeutsche Jakobiner. Klassenkämpfe und republikanische Bestrebungen im deutschen Süden Ende des 18. Jahrhunderts, Berlin [Ost] 1962
Schieder, W., Die Rolle der deutschen Arbeiter in der Revolution von 1848/49, in: D. Langewiesche (Hg.), Revolution, S. 322–340
Schieder, W. (Hg.), Volksreligiosität in der modernen Sozialgeschichte, Göttingen 1986
Schildhauer, J., Auswirkungen der Französischen Revolution auf Mecklenburg (1789–1800), in: Wissensch. Ztschr. der Ernst-Moritz-Arndt-Universität Greifswald 7 (1957/58), Gesellschafts- u. sprachwiss. Reihe 1/2, S. 1–8
Schildt, G., Tagelöhner, Gesellen, Arbeiter. Sozialgeschichte der vorindustriellen und industriellen Arbeiter in Braunschweig 1830–1880, Stuttgart 1986
Schindler, N., Spuren in die Geschichte der ›anderen‹ Zivilisation. Probleme und Perspektiven einer historischen Volkskulturforschung, in: R. van Dülmen/N. Schindler (Hg.), Volkskultur, S. 13–77
Schomerus, H., Die Arbeiter der Maschinenfabrik Esslingen. Forschungen zur Lage der Arbeiterschaft im 19. Jahrhundert, Stuttgart 1977
Schröder, C., Der Güstrower Tumult im Jahre 1800. Nach Magistratsakten dargestellt, in: Mecklenburg. Zeitschrift d. Heimatbundes Mecklenburg 15 (1920), S. 25–33
Schulze, W. (Hg.), Aufstände, Revolten, Prozesse. Beiträge zu bäuerlichen Widerstandsbewegungen im frühneuzeitlichen Europa, Stuttgart 1983
Schwarz, K., Die Lage der Handwerksgesellen in Bremen während des 18. Jahrhunderts, Bremen 1975
Shelton, W. J., English Hunger and Industrial Disorders. A Study of Social Conflict during the First Decade of George III's Reign, London 1973

Sieferle, R. P., Fortschrittsfeinde? Opposition gegen Technik und Industrie von der Romantik bis zur Gegenwart, München 1984

Siemann, W., Soziale Protestbewegungen in der deutschen Revolution von 1848/49, in: H. Reinalter (Hg.), Protestbewegungen, S. 305–326

Soboul, A., Französische Revolution und Volksbewegung: die Sansculotten. Die Sektionen von Paris im Jahre II. Bearbeitet und herausgegeben von W. Markov, Frankfurt 1978

Spading, K., Zur Erhebung der »Vereinigten Bürgerschaft« in Greifswald in den Jahren 1793–1796, in: Wissensch. Ztschr. der Ernst-Moritz-Arndt-Universität Greifswald 12 (1963), Gesellschafts- u. sprachwiss. Reihe Nr. 5/6, S. 559–572

Spading, K., Volksbewegungen in Städten Schwedisch-Pommerns um die Wende vom 18. zum 19. Jahrhundert, in: Jahrbuch für Regionalgeschichte 2 (1967), S. 87–112

Sperber, J., Der Kampf um die Feiertage in Rheinland-Westfalen 1770–1870, in: W. Schieder (Hg.), Volksreligiosität, S. 123–136

Stadelmann, R./Fischer, W., Die Bildungswelt des deutschen Handwerkers um 1800. Studien zur Soziologie des Kleinbürgers im Zeitalter Goethes, Berlin [West] 1955

Statistisches Reichsamt (Hg.), Die Getreidepreise in Deutschland seit dem Ausgang des 18. Jahrhunderts. Mit Anhang: Getreidepreise in Berlin seit 1624, in: Vierteljahreshefte zur Statistik des Deutschen Reiches 44 (1935), S. 273–321

Stevenson, J./Quinault, R. (Hg.), Popular Protest and Public Order. Six Studies in British History, 1790–1920, London 1974

Strauß, R., Die Lage und die Bewegung der Chemnitzer Arbeiter in der ersten Hälfte des 19. Jahrhunderts, Berlin [Ost] 1960

Stulz, P./Opitz, A., Volksbewegungen in Kursachsen zur Zeit der Französischen Revolution, Berlin [Ost] 1956

Tenfelde, K./Volkmann, H., Streik. Zur Geschichte des Arbeitskampfes in Deutschland während der Industrialisierung, München 1981

Thomis, M. I./Grimmett, J., Women in Protest 1800–1850, London 1982

Thompson, E. P., The Making of the English Working Class, London 1965

Thompson, E. P., Plebejische Kultur und moralische Ökonomie. Aufsätze zur englischen Sozialgeschichte des 18. und 19. Jahrhunderts. Ausgewählt und eingeleitet von D. Groh, Frankfurt/Berlin 1980

Tilly, Ch., L. und R., The Rebellious Century, 1830–1930, Cambridge/Mass. 1975

Tilly, C., Hauptformen kollektiver Aktion in Westeuropa 1500–1975, in: Geschichte und Gesellschaft 3 (1977), S. 153–163

Tilly, L., The Food Riots as a Form of Political Conflict in France, in: Journal of Interdisciplinary History 2 (1971), S. 23–57

Tilly, R. (Hg.), Sozialer Protest, in: Geschichte und Gesellschaft 3 (1977), S. 151 ff.

Tilly, R., Unruhen und Proteste in Deutschland im 19. Jahrhundert, in: Ders., Kapital, Staat und sozialer Protest in der deutschen Industrialisierung. Gesammelte Aufsätze, Göttingen 1980, S. 143–174

Tilly, R./Hohorst, G., Sozialer Protest in Deutschland im 19. Jahrhundert: Skizze eines Forschungsansatzes, in: K. Jarausch (Hg.), Quantifizierung in der Geschichtswissenschaft, Düsseldorf 1976, S. 232–278

Vester, M., Die Entstehung des Proletariats als Lernprozeß. Die Entstehung antikapitalistischer Theorie und Praxis in England 1792–1848, Frankfurt 1972

Vogel, B., Allgemeine Gewerbefreiheit. Die Reformpolitik des preußischen Staatskanzlers Hardenberg (1810–1820), Göttingen 1983

Volkmann, H., Wirtschaftlicher Strukturwandel und sozialer Konflikt in der Frühindustrialisierung: Eine Fallstudie zum Aachener Aufruhr von 1830, in: P. C. Ludz (Hg.), Soziologie und Sozialgeschichte. Aspekte und Probleme, Sonderheft 16 der Kölner Zeitschrift für Soziologie und Sozialpsychologie, Opladen 1972, S. 550–565

Volkmann, H., Die Krise von 1830. Form, Ursache und Funktion des sozialen Protests im deutschen Vormärz. Habil.-Schrift, Mschr., Berlin [West] 1975

Volkmann, H., Soziale Innovation und Systemstabilität am Beispiel der Krise von 1830–1832 in Deutschland, in: O. Neuloh (Hg.), Soziale Innovation und sozialer Konflikt, Göttingen 1977, S. 41–68

Volkmann, H., Kategorien des sozialen Protests im Vormärz, in: Geschichte und Gesellschaft 3 (1977), S. 164–189

Volkmann, H., Protestträger und Protestformen in den Unruhen 1830–1832, in: H. Volkmann/J. Bergmann (Hg.), Sozialer Protest, S. 56–75

Volkmann, H./Bergmann, J. (Hg.), Sozialer Protest. Studien zu traditioneller Resistenz und kollektiver Gewalt in Deutschland vom Vormärz bis zur Reichsgründung, Opladen 1984

Vovelle, M., Die Französische Revolution – Soziale Bewegung und Umbruch der Mentalitäten, München/Wien 1982

Voye, E., Geschichte der Industrie im Märkischen Sauerlande, Bd. I: Kreis Hagen, Hagen 1908

Walter, F., Die böhmischen Arbeiterunruhen des Jahres 1844, in: Mitteilungen des Instituts für Österreichische Geschichte, Ergänzungsband 11 (1929), S. 714–734

Weinzierl-Fischer, E., Die Bekämpfung der Hungersnot in Böhmen 1770–1772 durch Maria Theresia und Joseph II. in: Mitteilungen des Österreichischen Staatsarchivs 7 (1954), S. 469–514

Wirtz, R., Die Begriffsverwirrung der Bauern im Odenwald 1848. Odenwälder ›Excesse‹ und die Sinsheimer republikanische Schilderhebung, in: D. Puls (Hg.), Wahrnehmungsformen, S. 81–104

Wirtz, R., ›Widersetzlichkeiten, Excesse, Crawalle, Tumulte und Skandale‹. Soziale Bewegung und gewalthafter sozialer Protest in Baden 1815–1848, Frankfurt/Berlin/Wien 1981

Wirtz, R., Zur Logik plebejischer und bürgerlicher Aufstandsbewegungen. Die gescheiterte Revolution von 1848, in: Sozialwissenschaftliche Informationen für Unterricht und Studium 8 (1979), S. 83–88

Wirtz, R., Bemerkungen zum »Sozialen Protest« in Baden 1815–1848. Determinanten, Motive und Verhaltensmuster, in: H. Volkmann/J. Bergmann, (Hg.), Sozialer Protest, S. 36–55

Wischermann, C., Hungerkrisen im vormärzlichen Westfalen, in: K. Düwell/W. Köllmann (Hg.), Rheinland-Westfalen, Bd. 1, S. 126–147
Ziekursch, J., Hundert Jahre schlesischer Agrargeschichte. Vom Hubertusburger Frieden bis zum Abschluß der Bauernbefreiung, Breslau 1915
Zimmermann, C., »Noth« und »Theuerung« im badischen Unterland. Reformkurs und Krisenmanagement unter dem aufgeklärten Absolutismus, in: Aufklärung 2 (1987), S. 95–119. [Heftthema: Der Idealtyp des aufgeklärten Herrschers]
Zimmermann, M., Antijüdischer Sozialprotest? Proteste von Unter- und Mittelschichten 1819–1835, in: A. Herzig/D. Langewiesche/A. Sywottek (Hg.), Arbeiter, S. 89–94
Zunker, D., Die Franzosenzeit in Hamburg 1806–1814. Volkskultur und Volksprotest in einer besetzten Stadt, Hamburg 1983

Register